DAS BUCH DER
WIKINGER
MYTHEN

Peter Archer

DAS BUCH DER
WIKINGER
MYTHEN

Aus dem Englischen
von Matthias Schulz

Anaconda

Titel der amerikanischen Originalausgabe:
»The Book of Viking Myths. From the Voyages of Leif Erikson
to the Deeds of Odin, the Storied History and Folklore oft the Vikings«
Copyright © 2017 by Simon & Schuster, Inc.

Die Deutsche Nationalbibliothek verzeichnet diese Publikation in der Deutschen Nationalbibliografie; detaillierte bibliografische Daten sind im Internet
unter http://dnb.d-nb.de abrufbar.

Lizenzausgabe mit freundlicher Genehmigung
© dieser Ausgabe 2018 Anaconda Verlag GmbH, Köln
Alle Rechte vorbehalten.
Umschlagmotiv: Detail eines Wikingerschiff-Nachbaus aus dem 9. Jahrhundert,
Oseberg (Norwegen). © INTERFOTO / Robert Harding / David Lomax
Umschlaggestaltung: Druckfrei. Dagmar Herrmann, Bad Honnef
Satz und Layout: Achim Münster, Overath
Printed in Czech Republic 2018
ISBN 978-3-7306-0629-2
www.anacondaverlag.de
info@anacondaverlag.de

WIDMUNG

Für Watson, Vivian und Frederick. Drei Wikinger auf Entdeckungsreise – ein wenig Rauben und Brandschatzen inklusive.

DANKSAGUNG

Ich danke Karen Cooper, Brendan O'Neill, Rebecca Tarr Thomas und Katie Corcoran Lytle bei Adams Media für ihre Unterstützung und ihre Hilfe bei diesem Projekt. Danke an Heather Padgen für ihr hervorragendes Lektorat. Und wie immer vielen Dank an meine Frau Linda für ihre Hilfe und ihre Geduld.

Inhalt

KAPITEL EINS
Wer waren die Wikinger?........................ 13

KAPITEL ZWEI
Die Seereisen 27

KAPITEL DREI
So lebten die Wikinger.......................... 45

KAPITEL VIER
Die Quellen der Wikingermythen 61

KAPITEL FÜNF
Die Anfänge der Welt........................... 79

KAPITEL SECHS
Der Weltenbaum Yggdrasil 103

KAPITEL SIEBEN
Die Gottheiten des Nordens 113

KAPITEL ACHT
Thors Abenteuer 137

KAPITEL NEUN
Mehr Göttergeschichten. 155

KAPITEL ZEHN
Lokis Verrat 171

KAPITEL ELF
Sigurd der Wälsunge 195

KAPITEL ZWÖLF
Sigurd und Brynhild 213

KAPITEL DREIZEHN
Beowulf 227

KAPITEL VIERZEHN
Ragnarök, das Ende der Welt 241

Glossar 249

Bibliografie 277

Register 281

KAPITEL EINS

Wer waren die Wikinger?

Wir schreiben das Jahr 793. Eines Morgens kommen die Mönche im Kloster Lindisfarne an der britischen Ostküste erstaunt aus ihren Steinhütten gelaufen: Vor der Küste ist ein Schiff vor Anker gegangen, wie sie es noch nie gesehen haben. Es ist lang und liegt flach im Wasser, am Mast in der Schiffsmitte hängt ein einzelnes, quadratisches Segel. Ruderer hatten das Schiff in den kleinen Hafen gebracht. Der Bug ragt hoch über die Männer an Bord des Schiffs hinaus und ist mit einem geschnitzten wilden Drachenkopf verziert.

»Was sind das für seltsame Leute?«, fragen sich die Mönche. »Und was wollen sie hier?«

Schon bald sollten die Gottesmänner eine Antwort auf ihre Fragen erhalten. Unter lautem Geschrei sprang die Besatzung vom Schiff und schwang dabei Speere und Äxte. Mönche, die sich ihnen in den Weg stellten, wurden niedergestreckt, die anderen wurden von den Fremden überwältigt, gefesselt und aufs Schiff geschleppt. In Strömen rann das Blut über die Felsen ins gleichgültige Meer.

Die Eindringlinge durchkämmten die ganze Siedlung und griffen sich kostbare Relikte – wobei sie nicht den religiösen Wert im Blick hatten, sondern den materiellen. Nachdem alles geraubt oder kaputtgeschlagen worden war, warfen die Angreifer Fackeln in die Gebäude und kehrten zu ihren Booten zurück. Die gefangenen Mönche mussten mitansehen, wie schwarzer Rauch über der heiligen Insel emporstieg. Das war ihr letzter Blick auf Lindisfarne, denn die meisten Mönche wurden in den Osten verschleppt und dort als Sklaven verkauft.

Der Überfall auf Lindisfarne war der erste größere Angriff des Volks, das als Wikinger in die Geschichtsbücher eingehen sollte. Über ein Jahrhundert lang kreuzten ihre Langboote vor den Küsten Englands, Schottlands und Irlands. So furchtbar war der Schrecken, den sie über die Menschen brachten, dass Priester jahrzehntelang ihre Gebete mit den Worten »Herr, befreie uns von der Raserei der Nordmänner« schlossen.

Der Angriff auf Lindisfarne sandte Schockwellen durch das Christentum. Alkuin von York, einer der größten Intellektuellen Großbritanniens und später am Hof von Kaiser Karl dem Großen tätig, schrieb:

> Wir und unsere Väter haben nun seit nahezu 350 Jahren in diesem schönen Land gelebt und nie zuvor wurde eine derartige Gräueltat in Britannien bekannt, wie wir sie jetzt durch die Hand heidnischer Menschen erlitten haben. Eine derartige Reise war für undenkbar gehalten worden. In der Kirche des Heiligen Cuthbert wurde das Blut der Gottespriester vergossen, sie ist all ihrer Möblierung beraubt und der Plünderung durch Heiden anheimgefallen – der Ort, der heiliger als jeder andere in Britannien ist.

Die ersten Vorstöße der Wikinger dienten tatsächlich nahezu ausschließlich dem Zweck des Plünderns. Alles, was sich tragen ließ, wurde auf die Langboote geschleppt. Was sich nicht tragen ließ, wurde verbrannt. Klöster waren besonders verlockende Ziele, denn in ihnen wurde nahezu alles aufbewahrt, was es im frühen Mittelalter an wertvollen Dingen gab.

In den zwei Jahrhunderten nach dem Überfall auf Lindisfarne änderte sich das Verhalten der Wikinger allerdings schrittweise. Noch immer kamen sie und verbreiteten Angst und Schrecken unter dem Christenvolk, aber nun kamen sie nicht nur, sie blieben auch. Im Norden Britanniens breiteten sich Siedlungen der Wikinger aus, bis sie 880 mehr als die Hälfte des Landes unter ihre Kontrolle gebracht hatten. Danelag hieß ihr Territorium und der Vormarsch der Wikinger kam erst zum Stillstand, nachdem König Alfred von Wessex sie besiegen konnte.

Andere Wikingerbanden reisten noch viel, viel weiter. Einige attackierten Orte entlang der französischen Küste, 845 segelte eine Wikingerflotte sogar die Seine hoch und griff Paris an. Einige segelten bis nach Bagdad, andere überfielen das glänzende Konstantinopel, die größte Stadt des Christentums. Sie eroberten im Norden von Kontinentaleuropa Gebiete und besiedelten sie. Sie wurden als Rus bekannt, was möglicherweise damit zusammenhängt, dass viele von ihnen rothaarig waren. Im Laufe der Zeit wurde auch die Region nach ihnen benannt – Russland.

LEIF DER VERNACHLÄSSIGTE

Es ist schon ironisch: An Kolumbus, der die Neue Welt erst sehr viel später entdeckte, erinnert bis heute vieles. So ist mit Kolumbien ein ganzes Land nach ihm benannt und auch die größte Stadt im amerikanischen Bundesstaat Ohio ist ihm zu Ehren auf den Namen Columbus getauft worden. Im Englischen hilft einem der Reim »*In fourteen hundred and ninety-two, Columbus sailed the ocean blue*«, sich daran zu erinnern, dass Kolumbus 1492 auf Amerika stieß. Leif Eriksson hingegen blieb größtenteils vergessen, bis 1961 die ersten archäologischen Funde in L'Anse aux Meadows gemacht wurden.

Die Wikinger stießen sehr weit ostwärts vor, aber noch weiter segelten sie Richtung Westen. 860 landeten Wikinger auf der unbewohnten Insel Island und bauten dort eine blühende Kultur auf. Ende des 10. Jahrhunderts gründete der Wikingerfürst Erik der Rote, der damals in Norwegen und Island wegen Mords gesucht wurde, eine Siedlung auf Grönland. Einige Jahre später segelte sein Sohn Leif Eriksson mit einer kleinen Gruppe Männer noch weiter westwärts, bis sie auf Land stießen. Sie tauften es »Vinland«. Ihre damalige Siedlung heißt heute L'Anse aux Meadows und liegt an der Nordwestspitze von Neufundland. Es war die allererste europäische Siedlung in Nordamerika und wurde nahezu 500 Jahre vor den Reisen des Christoph Kolumbus gegründet.

WIKINGERKULTUR

Häufig denken wir bei Wikingern an Tod und Zerstörung (und sie haben sich bei beidem auch nicht wirklich zurückgehalten), aber die Nordmänner haben auch eine lebendige und reiche Zivilisation aufgebaut. Ihre Kunst war komplex und beeindruckend. Sie zählen zweifelsohne zu den besten Seefahrern in der Geschichte der Menschheit und sie verfügten über eine reiche und farbenprächtige Mythologie, die in der westlichen Zivilisation reichlich Spuren hinterließ. Dass beispielsweise im Englischen der Mittwoch *Wednesday* heißt, hängt mit dem Gott Wodan zusammen. Unser Donnerstag ist nach dem nordischen Donnergott Donar (oder Thor) benannt und Freitag nach der nordischen Göttin Frigg. Wodan (oder Odin, wie er in der skandinavischen Mythologie heißt und wie wir ihn auch in diesem Buch nennen wollen), Thor und Frigg waren allesamt wichtige Gottheiten der Menschen in Skandinavien, aber die Nordmänner haben uns darüber hinaus noch eine ganze Reihe Begriffe hinterlassen, die in der englischen Sprache bis heute verwendet werden: *anger* (»Wut, Zorn«), *cozy* (»gemütlich«), *flounder* (»Flunder«), *glove* (»Handschuh«), um nur einige wenige Beispiele zu nennen.

Der Ursprung des Begriffs »Wikinger« ist bis heute nicht abschließend geklärt, aber viele Fachleute glauben, er gehe auf den altnordischen Begriff *vik* zurück, was »wandern« bedeutet. Die marodierenden Banden kamen aus Skandinavien, aus den Königreichen Schweden, Dänemark und Norwegen. Was der Grund für ihre Migration war, ist bis heute Streitpunkt unter Historikern, aber es herrscht Konsens, dass Verbesserungen im Schiffsbau diesen Trend verstärkt haben. Einige Gelehrte haben auch die Theorie aufgestellt, dass mehrere Jahrhunderte der globalen Erwärmung die Überlebenschancen von Kindern in den harten nordischen Wintern verbesserten. Das resultierte in einem Bevölkerungsanstieg und führte dazu, dass mehr junge Menschen für Streifzüge zur Verfügung standen.

Möglicherweise hat ein Ereignis mehr als alle anderen Aspekte zu der Entwicklung beigetragen: Bei der Seeschlacht am Hafrsfjord besiegte Harald Schönhaar 872 ein Bündnis nordischer Adliger und krönte sich anschließend zum König von Norwegen. Als Reaktion auf die Niederlage flohen viele Adelige ins Ausland und gründeten dort eigene Siedlungen. Das war offenbar der Auftakt für viele der Raubzüge gegen Frankreich, unter anderem auch für die Belagerung von Paris 885. Andere Norweger segelten bis Irland und brachten das Land mehr oder weniger unter ihre Herrschaft. Sie regierten dort bis 1014, dann wurden sie bei der Schlacht von Contarf von dem großen Clanführer und irischen Helden Brian Boru besiegt.

Vielleicht ist der beste Grund für das explosionsartige Ausschwärmen der Wikinger aber auch tatsächlich der naheliegendste – der Schiffbau. 1903 wurde im norwegischen Slagen ein Wikingerschiff entdeckt, das Oseberg-Schiff. Es war erstaunlich gut erhalten und vermittelt uns – gemeinsam mit anderen Entdeckungen, die während der vergangenen 50 Jahre gemacht wurden – eine sehr gute Vorstellung vom Wesen des Wikinger-Schiffsbaus und davon, wozu die Schiffsbauer der damaligen Zeit fähig waren.

DAS OSEBERG-SCHIFF

Das Erstaunlichste an dem Oseberg-Schiff ist, dass es überhaupt noch existiert. Die meisten Wikinger-Schiffe (oder sonstigen Schiffe des frühen Mittelalters) waren aus Holz und sind inzwischen längst verrottet, sodass höchstens noch Spuren von ihnen zu finden sind. Das Oseberg-Schiff hingegen war mehr oder weniger intakt. Archäologen behandelten es mit verschiedenen Lösungen und ließen es trocknen, bevor sie es in ein Museum im Stadtzentrum Oslos abtransportierten. Dort steht es bis heute.

Das Schiff stammt in etwa aus dem Jahr 820. Der Rumpf ist 22 Meter lang und misst an der breitesten Stelle etwa fünf Meter. Wikingerschiffe waren nicht nur Segelschiffe, sie konnten auch von Ruderern vorangetrieben werden, vermutlich acht auf jeder Seite, allerdings hat das Oseberg-Schiff ungewöhnlicherweise Platz für 15 Ruderer. Der Bug steigt zu einer wunderbar geschnitzten Spirale an, deren Linien in den Kiel übergehen.

Wikingerboote hatten extrem wenig Tiefgang, deshalb konnten sie genauso in Flüssen segeln wie auf dem Meer. In der Bootsmitte stieg ein Mast empor, an dem ein quadratisches Segel befestigt war. Gesteuert wurde das Boot mit einer Ruderpinne am Heck.

Die Seiten des Oseberg-Schiffs sind niedrig und der Kiel ist dünn, deshalb haben Archäologen die Theorie aufgestellt, es handele sich um ein zeremonielles Boot, das nur in den Fjorden fuhr. Das Faszinierende an allen Wikingerschiffen ist jedoch, wie hervorragend manövrierbar sie waren. Angenehm dürfte das Reisen in ihnen dennoch nicht gewesen sein, denn die Besatzung war der Gischt und peitschenden Winden ziemlich ungeschützt ausgesetzt. Navigiert haben die Wikinger mithilfe der Sterne.

Wie so viele der bislang entdeckten Wikingerboote wurde das Oseberg-Boot als Begräbnisschiff verwendet. Man fand die Leichen zweier Frauen an Bord – angesichts der Größe des Schiffs handelte es sich wahrscheinlich um Frauen von hohem Stand. Fachleute sehen bei dem Be-

gräbnis einen Zusammenhang mit einem Fruchtbarkeitskult der Wikinger, in dessen Mittelpunkt die Göttin Freya
steht, Tochter des Gottes Njörd. Der römische Historiker
Tacitus schreibt über die germanische Göttin Nerthus, die
offenbar Njörd entspricht. Ihr Kult hatte seinen Hauptsitz
in einem heiligen Wäldchen auf einer Ostseeinsel. Das Abbild der Gottheit wurde in einem hölzernen Wagen aufbewahrt. Der Historiker Tony Allan schreibt:

> Spürte der zuständige Priester, dass die Göttin höchstper-
> sönlich anwesend war, wurde der Wagen von Ochsen durch
> die umgebende Landschaft geführt. Krieger legten ihre
> Waffen ab, wenn sie an ihnen vorbeifuhr, denn sie war eine
> Erdmutter, eine Göttin des Friedens. Gleichzeitig verbrei-
> tete sie jedoch auch Furcht, denn wenn der Wagen in das
> heilige Wäldchen zurückkehrte, wurden die Sklaven, die
> sich um die rituelle Reinigung gekümmert hatten, als
> Opfer an die Göttin ertränkt, und zwar in dem See, an dem
> sie ihren Aufgaben nachgegangen waren.

An der Stelle, an der man das Oseberg-Schiff entdeckte,
fand man auch einen Wagen, vor den sich Ochsen spannen
ließen. Das lässt vermuten, dass sich der germanische
Fruchtbarkeitskult bis ins Wikingerzeitalter halten konnte.
Bekannt ist, dass die Skandinavier über einen langen Zeit-
raum hinweg Menschenopfer brachten. 921 war der arabische
Reisende Ibn Fadlan anwesend, als ein Wikingerhäuptling
begraben wurde. Während des Rituals wurde ein Sklavenmädchen drei Mal auf einem hölzernen Rahmen angeho-
ben und dann erwürgt.

Als man sie das erste Mal anhob, sagte das Mädchen: »Sehet, ich sehe meinen Vater und meine Mutter.« Beim zweiten Mal sagte es: »Ich sehe all meine toten Verwandten sitzen.« Und beim dritten Mal: »Ich sehe meinen Herrn im Paradies sitzen und das Paradies ist wunderschön und grün. Zu seiner Seite sind Männer und Dienstknaben. Er ruft mich. Bringt mich zu ihm.«

Der Geschichtsschreiber Saxo Grammaticus wusste im 12. Jahrhundert in seinem Werk *Gesta Danorum* (»Die Taten der Dänen«) zu berichten, dass es zu den Wikingerbegräbnissen gehörte, einen Hahn zu köpfen. Welchem Zweck das diente, wissen wir heute nicht mehr. Als das Christentum in Skandinavien Einzug hielt, gingen die meisten religiösen Praktiken der Wikinger verloren – aus Sicht eines Historikers sehr bedauerlich. Heute sind nur noch Spuren einer Religionskultur bekannt, die einstmals sehr lebendig und komplex gewesen sein dürfte.

WIKINGER IN FRIEDENSZEITEN

Als die Wikinger begannen, sich in den eroberten Gebieten niederzulassen, brachten sie eine vergleichsweise stabile Gesellschaftsstruktur mit sich, die ganz entschieden patriarchalisch und familienorientiert war. Wie wir noch sehen werden, spielte die Familie eine zentrale Rolle in den Mythen der Wikinger. Zwar breiteten sich die Wikinger durch Eroberung aus und unternahmen häufig Streifzüge, aber es spricht nichts dafür, dass es in ihrer Heimat martialischer zuging als in anderen mittelalterlichen Gesellschaften. Wenn es doch einmal zu einem Krieg kam, handelte es sich zumeist um lokale Angelegenheiten, einen Landstreit oder einen Disput um Besitztümer. In England bauten sich die Nordmänner im Zuge diverser Kriege ein eigenes Reich auf, das sogenannte Danelag. Erst nachdem sie mehrfach von Alfred I. besiegt wurden, stimmten sie einem Waffenstillstand zu. Viele Wikinger-Siedlungen in Britannien waren wohlhabend, das zeigt schon der Depotfund von Cuerdale. 1840 wurde in der gleichnamigen Region in der Grafschaft Lancashire ein gewaltiger Schatz entdeckt, der aus über 8600 Stücken bestand, der Großteil davon aus Silber. Es handelte sich um Münzen, Amulette, Ketten und Ringe. Zweifelsohne waren einige dieser Schmuckstücke geraubt worden, aber es fanden sich auch Juwelen, die Gottheiten der Wikinger darstellten. Ganz offensichtlich waren die Wikinger zu großen künstlerischen Leistungen imstande.

Wie genau die Gesellschaft der Wikinger aussah und wie sie aufgebaut war, ist in Kapitel 3 unser Thema.

DAS ENDE DES WIKINGER-ZEITALTERS

Im 11. Jahrhundert nahm die Zahl der Wikinger-Überfälle ab. Die Skandinavier hatten ihr Territorium erweitert, gleichzeitig wurden sie gesetzter und weniger aggressiv. Der letzte große Wikinger-Anführer war Harald Hardrade (um 1015–1066), als Harald III. König von Norwegen. Bevor er König wurde, streifte er durch Europa, bereiste Russland und kam 1034 nach Konstantinopel, wo er und seine Begleiter sich der kaiserlichen Garde anschlossen. Eine Zeitlang fiel er bei den Dänen ein, dann wurde er 1046 König Norwegens.

Das 11. Jahrhundert brachte sehr viele Veränderungen in Europa, aber nirgendwo änderte sich so viel wie in Britannien. 1066 starb der englische König Eduard der Bekenner und der Thron fiel Harald Godwinson zu, der als Harald II. regierte. Harald Hardrade sah seine Chance gekommen und marschierte in England ein. Zunächst gelang es seinen Truppen, Landstriche im Norden zu erobern, aber dann zog Harald II. mit einem Heer Richtung Norden und besiegte den norwegischen König in der Schlacht von Stamford Bridge. Harald Hardrade verlor bei dieser Schlacht sein Leben.

Damit waren die Probleme von Harald II. keineswegs aus der Welt. Nur einen Monat später landete an der englischen Südküste ein Heer, das vom normannischen Herzog Wilhelm (auch »Wilhelm der Bastard« genannt) befehligt wurde. Haralds Truppen traten den Invasoren bei Hastings entgegen und eine Zeitlang hielt der angelsächsische Schildwall den Angriffen der Normannen stand. Dann wies Wilhelm seine Bogenschützen an, ihre Pfeile hoch in die Luft abzuschießen. Ein Pfeil traf Harald ins Auge, der auf dem Schlachtfeld starb. Bei den Angelsachsen brach daraufhin Panik aus und die normannischen Ritter konnten den Schildwall durchbrechen und das feindliche Heer in die Flucht schlagen. Die Eroberung Englands durch die Normannen hatte begonnen.

Es ist ein doch etwas kurioser Abschluss für das Zeitalter der Wikinger, denn die Normannen sind tatsächlich nichts Anderes als Nachfahren der Wikinger (ihr Name ist eine Verballhornung von »Nordmannen«). Dass die Normannen England unterwarfen, war sozusagen der Abschluss eines langen Prozesses, der in der Abtei von Lindisfarne begonnen hatte. Endlich hatten die Wikinger triumphiert.

KAPITEL ZWEI

Die Seereisen

Ihre Macht bezogen die Wikinger aus ihren Fähigkeiten als Seeleute und – wie wir im vorigen Kapitel gesehen haben – als Schiffsbauer. In diesem Kapitel befassen wir uns mit einigen spektakulären Reisen, die sie unternahmen und die die Wikinger in nahezu alle Ecken der Erde führten.

LEIF ERIKSSON UND DIE REISE NACH AMERIKA

Eine der unglaublichsten Leistungen der Wikinger interessierte zum damaligen Zeitpunkt in Skandinavien vermutlich kaum jemanden. Die Rede ist von Leif Erikssons Reise nach Amerika, einem Abenteuer, das, soweit wir wissen, völlig ungeplant war. Dass die Entdeckungsfahrt tatsächlich stattgefunden hat, wissen wir erst seit den 1960er-Jah-

ren genau, denn damals wurden Reste von Leifs erster Siedlung entdeckt.

Irgendwann in den 980er-Jahren tötete ein Isländer namens Erik der Rote bei einem Streit um Sklaven mehrere
Männer. Gewalt lag Erik offenbar in den Genen, denn schon
sein Vater Thorvald hatte in Norwegen seinen Nachbarn erschlagen und war dann nach Island geflohen. Wie ging Islands Gesellschaft zur damaligen Zeit mit einem Mörder wie
Erik um? Sie hatte mehrere Möglichkeiten zur Auswahl:

- Man beschlagnahmte sein Eigentum und verstieß
  ihn aus der Gesellschaft. Er wurde zu einem *skogarmathr*, einem »Mann der Wälder«. Anderen war es
  untersagt, ihm bei der Landesflucht zu helfen. Sollte
  er dennoch das Land verlassen, galt er als vogelfrei –
  jeder durfte ihn erschlagen, ohne dafür bestraft zu
  werden.
- Man schickte ihn für eine bestimmte Zeitspanne ins
  Exil (*herathsseket*). Er durfte während dieser Zeit
  seinen Heimatbezirk nicht betreten.

Eriks Verbrechen wurde als schwerwiegend angesehen,
aber auch nicht als so schlimm, dass er die volle Härte des
Gesetzes zu spüren bekam. Man verurteilte ihn zu drei
Sommern im Exil, außerdem musste er eine Buße bezahlen. Erik ließ sich auf einer Insel vor der Küste nieder, aber
auch dort geriet er in einen Streit mit den Nachbarn und

tötete mehrere von ihnen. Dieses Mal entschied das Gericht, Erik mit *skogarmathr* zu belegen, der schwersten Bestrafung, die den Richtern zur Verfügung stand.

Erik war niemand, der sich von der Obrigkeit einschüchtern ließ, deshalb begannen seine Männer und er umgehend zu planen, wie sie das Land verlassen konnten.

DIE VINLAND-SAGAS

Eriks Saga und die *Saga von den Grönländern* werden als die *Vinland-Sagas* bezeichnet. Sie entstanden unabhängig voneinander während des 13. Jahrhunderts. Experten gehen davon aus, dass sie zuvor mündlich weitergegeben worden waren, denn die Texte sind nicht so absichtlich literarisch wie andere skandinavische Sagas. In den *Vinland-Sagas* wird erzählt, wie Erik der Rote von Island aus nach Grönland segelte und wie Leif Eriksson nach Nordamerika (das er Vinland nannte) gelangte.

Einige Zeit zuvor war ein Wikinger in einem Sturm vom Kurs abgekommen und hatte westlich und nördlich von Island Land gesichtet, dort allerdings nicht angelegt. Jetzt beschloss Erik, der Sache auf den Grund zu gehen, dieses Land zu finden und dort eine eigene Kolonie zu gründen. Seine Abenteuer werden in der *Saga von Erik dem Roten* beschrieben.

Gemeinsam mit seinen Anhängern stach Erik in See und gelangte schließlich nach einigen Monaten an die Küste eines großen Landes, das sich Richtung Norden und

Westen erstreckte, soweit der Blick reichte. Die Isländer blieben jedoch nicht dort, wo sie das erste Mal angelegt hatten, sondern segelten die Küste entlang. Sie umrundeten die Südspitze des Lands und segelten dann ein Stück weit die Westküste hoch. Schließlich errichteten sie zwei Siedlungen – Brattahlid am südlichen Ende des Landes, das sie nun Grönland nannten, und das weiter nördlich gelegene Lysefjord.

LEIF ERIKSSON

Eriks Sohn Leif wurde während der 970er-Jahre in Island geboren und war es von Kindesbeinen an gewohnt, auf dem Schiff seines Vaters zu reisen. Erik selbst scheint viel zu beschäftigt gewesen zu sein, um sich groß um seinen Sohn zu kümmern. Deshalb wurde Leif vor allem von Tyrker erzogen, einem Gefolgsmann Eriks.

999 machten sich Leif und eine Gruppe Männer auf den Weg nach Norwegen. Bei der Überfahrt kamen sie vom Kurs ab und überwinterten auf den Hebriden, einer Inselgruppe vor der schottischen Küste.

Nachdem sie endlich Norwegen erreichten, wurden sie Gefolgsleute von Olav Tryggvason, dem großen nordischen König. Er überzeugte Leif davon, zum Christentum überzutreten, auch wenn sich Leif, wie es in der *Saga von Erik dem Roten* heißt, schwertat, die Götter seiner Vorväter aufzugeben. Dem König war durchaus aufgefallen, wie charakterstark Leif war. Er gab dem frisch Konvertierten den Auftrag, nach Grönland zurückzukehren und die Menschen dort zu bekehren.

> Es gebe niemanden, der für diese Aufgabe besser geeignet sei als Leif, erklärte der König – »außerdem hast du die nötige Portion Glück«.

Also machten sich Leif und seine Leute auf die Heimreise. Wieder hatten sie kein günstiges Wetter für die Überquerung und »das Meer schleuderte sie lange Zeit hin und her«.

> Durch Zufall stieß Leif an einer Stelle auf Land, an der er nicht damit gerechnet hätte. Hier wuchsen Felder voller wildem Weizen und Weinreben. Es gab auch Ahornbäume und die Wikinger packten von allem Exemplare ein.
> Ebenfalls zufällig traf Leif auf Männer, die sich an ein Schiffswrack klammerten. Er befreite sie aus ihrer Notlage, nahm sie mit nach Hause und verschaffte ihnen für den Winter ein Dach über dem Kopf. Auf diese Weise zeigte er seinen guten Charakter und seine Freundlichkeit.

VINLAND

Das Land, auf das Erik gestoßen war, nannte er Vinland (»Weinland«), weil er dort so viele Weinreben vorgefunden hatte. Wo genau Erik damals landete, ist bis heute umstritten. Eine Gruppe Archäologen hält das heutige L'Anse aux Meadows an der Nordspitze Neufundlands für die Stelle. In den 1960er-Jahren wurden dort Ruinen entdeckt, die keinen Zweifel daran lassen, dass hier Nordmänner gesiedelt haben. Nach allgemeiner Auffassung handelt es sich um eine Siedlung, die von Leif angelegt wurde und später den Namen Leifsbudir bekam. Allerdings spricht ein Aspekt dagegen, dass es sich bei der Stelle, die in Eriks Saga beschrieben wird, um L'Anse aux Meadows handelt – die Region ist völlig kahl, es findet sich keine Spur von Weinreben oder anderer Vegetation. Besser geeignet wäre da schon die Region rund um den Sankt-Lorenz-Seeweg, wo es ebenfalls Beweise für eine Siedlung der Wikinger gibt.

Egal, welcher Ort es nun gewesen ist, es bleibt ein interessanter Umstand: Die Wikinger zeigten kein Interesse daran, das neue Land, so wie sie es mit Island getan hatten, zu besiedeln. Doch Leifs Entdeckung fiel in eine Phase, als die Blütezeit der Wikinger sich dem Ende zuneigte. Und so blieben Nordamerika 500 Jahre lang weitere Einfälle aus Europa erspart.

DAS DANELAG

Ab dem 11. Jahrhundert lautete die offizielle Bezeichnung für den Norden und den Osten Englands Danelag. Man könnte meinen, das sei ein Erfolg für die Wikinger, schließlich erkannten die Angelsachsen damit die dauerhafte Präsenz der Skandinavier in Großbritannien an. Tatsächlich jedoch war es die Folge einer Niederlage für die Wikinger.

DIE SCHLACHT VON EDINGTON

Seit sie 789 in Lindisfarne eingefallen waren, hatte die Aktivität der Wikinger entlang der britischen Küsten immer weiter zugenommen.

Die *Angelsächsische Chronik,* unsere Hauptquelle für diese Zeit, schildert, wie 865 ein »großes heidnisches Heer« erschien, das angeführt wurde von Ivar dem Knochenlosen und seinen Brüdern Ubba und Halfdan Ragnarsson. Dieser Armee gelang es, große Gebiete zu erobern und ein angelsächsisches Königreich nach dem anderen in die Knie zu zwingen. 870 fochten die Wikinger in der Schlacht von Merton gegen die Männer aus Wessex. Bei den Kämpfen verlor Ethelred, König von Wessex und Kent, sein Leben. Ihm folgte sein Bruder Alfred auf den Thron.

Unter den angelsächsischen Herrschern, die bis zum Einfall der Normannen im Jahr 1066 in Großbritannien regierten, ist Alfred zweifelsohne der bekannteste, was vor allem damit zusammenhängt, dass er sich so erfolgreich gegen die Wikinger zur Wehr setzte, die Wessex bedrohten. Aber zunächst verlor auch er die ersten Schlachten gegen die Eindringlinge. Als der Winter 877/8 anbrach, waren er und seine Truppen in sumpfiges Gelände im heutigen Somerset zurückgedrängt worden. Dort entwickelte er eine Strategie, wie man den Vormarsch der Invasoren stoppen könnte. Im Frühling 878 versammelte er seine Anhänger um sich und stellte sich bei Edington den Wikingern entgegen.

Guthrum, der Anführer der Horde, agierte nach dem üblichen Muster: Er besetzte die Stadt und wartete darauf, dass man ihm ein großes Lösegeld zahlte. Anschließend würde man weiterziehen. Im Mai kam es zur Konfrontation mit Alfreds Soldaten. Der Mönch Asser, ein Zeitgenosse Alfreds, schreibt in *Das Leben des Alfred:*

> »Sie kämpften erbittert und bildeten einen dichten Schilderwall gegen die gesamte Heidenarmee. Sie schlugen sich lang und tapfer und dank Gottes Wille errang Alfred schließlich den Sieg.«

Der anschließend vereinbarte Friede sorgte für zwei wichtige Dinge. Zum einen stimmte Guthrum zu, zum Christentum überzutreten, zum anderen willigte er ein, dass zwischen den von den Dänen kontrollierten Ländern und denen, die unter der Herrschaft Alfreds standen, eine Grenze gezogen wird.

KNUT DER GROSSE

Wichtigster Herrscher des Danelags war Knut der Große (ca. 995–1035). Ihm gelang 1016, was allen dänischen Herrschern vor ihm verwehrt geblieben war – er eroberte London. Mit dem englischen König Edmund handelte er einen Vertrag aus, der vorsah, dass Knut alles Gebiet nördlich der Themse unterstand. Als Edmund im Winter jenes Jahres starb, wurde Knut vertragsgemäß König von ganz England. Eine seiner ersten Amtshandlungen bestand darin, eine gewaltige Abgabe zu erheben, das Danegeld. Mit dieser Steuer bezahlte er seine Soldaten.

KIEW UND DIE RUS

In den *Annalen von Saint-Bertin* heißt es, 839 sei am Hofe Ludwig I. (genannt Ludwig der Fromme), König des Fränkischen Reichs und seit 813 Kaiser des Heiligen Römischen Reichs, eine Gesandtschaft von Kaiser Theophilos aus Byzanz (dem heutigen Istanbul) eingetroffen, um einen Friedensvertrag zwischen den beiden Herrschern auszuhandeln. Der Delegation aus Byzanz gehörten auch Männer an, die sich selbst als Rus bezeichneten. Sie baten Ludwig darum, dass er ihnen freies Geleit durch sein Reich gewähre, sie seien nämlich auf dem Weg zurück in ihre Heimat.

WARUM »RUS«?

Die Experten sind sich nicht einig, es gibt mehrere Erklärungsversuche für den Namen. Eine Theorie besagt, dass die Schweden aus der nördlich von Stockholm gelegenen Region Roslagen kamen. Eine andere lautete, dass es mit dem finnischen Begriff *ruotsi* zu tun hat, was so viel wie »Männer, die rudern« bedeutet. Ebenfalls möglich ist es, dass es mit dem rötlichen Haar der Männer zu tun hatte.

Ludwig jedoch misstraute diesen Männern und sein Argwohn wuchs noch, als er herausfand, wo ihre Heimat lag – in Schweden. Die Menschen aus Aquitanien hatten im Verlauf der letzten 50 Jahre die schmerzliche Erfahrung machen müssen, dass den Menschen aus Skandinavien nicht zu trauen war. Entsprechend fiel die Entscheidung des Königs aus: Er würde die Männer eine Weile festsetzen und wenn sie sich ordentlich benähmen, würde er ihnen das gewünschte freie Geleit gewähren. Die Geschichte endet hier und es ist nicht bekannt, ob die Rus tatsächlich abziehen durften oder ob sie den Rest ihres Lebens in irgendeinem Kerker in Aquitanien fristeten. Aber diese Anekdote ist dennoch wichtig, denn es handelt sich um die früheste uns bekannte Erwähnung der Rus.

ANGRIFFE ÜBER DIE OSTSEE

Piraterie und Angriffe der Skandinavier auf ihre Nachbarn in der Ostsee hatten eine lange Tradition. In der *Ynglingasaga* erwähnt Snorri Sturluson einen schwedischen König namens Sveigdir, der auf der Suche nach Godheim (dem Heim der Götter) und Odin über das Meer reiste. Fünf Jahre lang führte ihn seine Suche durch alle Lande. Er reiste bis in die heutige Türkei und »fand dort viele Verwandte vor«. Wenn man Snorris Bericht für zumindest ansatzweise zutreffend hält, scheint der Zug der Skandinavier nicht nur nach Westen, sondern auch nach Osten stattgefunden zu haben.

Der dänische Historiker Saxo Grammaticus beschreibt in *Gesta Danorum* (»Die Taten der Dänen«), wie die Wikinger in den 840er- und 850er-Jahren unter Ragnar Lodbrok und Hasting [auch: Hastein] Raubzüge im Baltikum abhielten. Allerdings litten diese Raubzüge unter einem stark negativen Aspekt – es gab hier keine reichen Klöster zu plündern.

Stattdessen suchten die Wikinger wohl nach Wegen, nach Konstantinopel und zu den dort vermeintlich wartenden reichen Schätzen zu gelangen. Drei große Flüsse erleichterten ihnen die Vorstöße – die Düna, der Dnjepr und die Wolga. Wikingerboote waren hervorragend für Flussfahrten geeignet, da sie nur wenig Tiefgang hatten und gut zu steuern waren. Ab den 830er-Jahren existierte am östlich des Finnischen Meerbusens gelegenen Ladogasee eine Wikingersiedlung. Von dort aus konnte man auf den Flüssen südwärts Richtung Schwarzes Meer gelangen (wenngleich die Boote kleiner waren als die, mit denen die Wikinger die Ostsee überquert hatten).

SAXO GRAMMATICUS

Der Autor, der als Saxo Grammaticus bekannt ist und von etwa 1150 bis etwa 1220 lebte, war möglicherweise der Schreiber eines bekannten dänischen Erzbischofs. Diese Stellung würde ihm einen guten Blick auf die Aktivitäten am dänischen Hofe ermöglicht haben. Sein *Gesta Danorum* ist nicht nur als wertvolle schriftliche Quelle für die Ereignisse der Wikingerzeit bemerkenswert, sondern auch insofern, als er eine frühe Version der Geschichte vom Dänenprinzen Hamlet enthält.

In der ersten Hälfte des 9. Jahrhunderts waren derartige Flussrouten alles andere als sicher, was auch erklärt, warum die Rus, die wir am aquitanischen Hof antrafen, auf ihrem Weg Richtung Norden lieber einen großen Umweg in Kauf genommen hatten, um als Teil einer größeren Gruppe reisen zu können. Dann allerdings fanden die Rus ein wichtiges Instrument, mit dessen Hilfe sie die Flüsse sicher machen konnten – die Kiewer Rus.

KIEW

In der im 12. Jahrhundert erstellten *Nestor-Chronik* heißt es, die Menschen entlang des Dnjepr hätten sich gegen Tributforderungen der Waräger gewehrt – ein Stamm, bei dem es sich den Forschern zufolge um die Rus handelt. Die Einwohner wehrten sich und schlugen die Waräger zurück, aber sie waren nicht imstande, sich selber zu verwalten. Es brachen Konflikte aus, die so schlimm wurden, dass schließlich Gesandte der unterschiedlichen Stämme nach Schweden zu den Rus oder Warägern (»So, wie einige von ihnen Schweden genannt werden, andere Nordmänner, Angeln und Goten«, heißt es in der Chronik) reisten.

Sie baten sie, ihnen Anführer zu stellen, die die Stämme vereinen und sie schützen würden. Die Rus stellten drei Männer ab – Rjurik, Sineus und Truwor. Sineus und Truwor überlebten nicht lang, sodass Rjurik als Alleinherrscher übrigblieb. Rjurik begründete in Nowgorod die Hauptstadt seines Königreichs, das später als Kiewer Rus bekannt werden sollte.

Die Rus kontrollierten nun den Handel entlang der Wolga, sie expandierten südwärts und eroberten Kiew. Von hier aus trugen sie mehrere Kriege mit dem Byzantinischen Reich aus, betrieben aber gleichzeitig auch Handel mit dem südlichen Nachbarn. Ihre Kultur überlebte nicht, ihr

Name dagegen schon. Das wachsende Staatsgebilde erhielt schließlich den Namen Russland.

NORDMÄNNER UND DIE NORMANDIE

In den 850er-Jahren segelten die Wikinger die Seine hinauf und belagerten Paris. Zu diesem Zeitpunkt hatten sie die Küste des Frankenreichs bereits seit über drei Jahrzehnten wiederholt heimgesucht. Die ersten Angriffe erfolgten 820 an der Seinemündung und wurden im Laufe der Zeit immer massiver, weil sich immer mehr Nordmänner beteiligten.

857 taten sich mit Sigtrygg und Björn zwei Kriegshäuptlinge der Wikinger zusammen. Zuvor hatten sie sich die Seine stromaufwärts bis vor Chartres durchgekämpft, mit vereinten Kräften eroberten sie dieses Mal die Stadt und plünderten sie und die große Kathedrale, bevor sie nach Paris weiterzogen. Die beiden Heerscharen fielen immer wieder in der Region ein. Ihren Höhepunkt erreichten die Angriffe 876, als eine Flotte aus 100 Schiffen die Seine hoch segelte. Dieses Mal kam es jedoch nicht zu einem Angriff – König Karl der Kahle kaufte sich mit 5000 Pfund Silber frei. Aber auch diese Zahlung hielt die Wikinger nicht davon ab, die Kirche in Bayeux zu überfallen und den dortigen Bischof zu töten. Diese Angriffe würden ewig so weitergehen, so viel war dem fränkischen Königshaus bewusst. Die 5000 Pfund Silber hatten bestenfalls eine Ver-

schnaufpause erkauft, mehr nicht, und beim nächsten Mal würden die Angriffe noch heftiger werden und die zu bezahlende Summe noch größer. Jetzt war ganz offensichtlich ein anderer Ansatz gefragt, deshalb beschloss das Königshaus, es nicht mit Geld zu versuchen, sondern mit Land.

ROLLO VON DER NORMANDIE

Woher der Wikinger-Häuptling stammte, der die Kolonie Normandie begründete, ist ungewiss. Es gibt Beweise dafür, dass er 876 am Angriff auf Paris beteiligt war. Irgendwann im Anschluss eroberte er die Stadt Rouen mithilfe eines Tricks – er befahl seinen Männern vorzutäuschen, sie würden zu ihren Booten fliehen. Als die siegestrunkenen Franken ihnen nachsetzten, stürzten sie in Gruben, die Rollos Männer gegraben hatten. Die Wikinger machten daraufhin kehrt und schlachteten die Überlebenden ab, dann zogen sie ungehindert in die Stadt ein.

So vollständig war ihr Sieg, dass sich der Frankenkönig Karl der Einfältige bemüßigt sah, mit Rollo über ein Lehen zu verhandeln. Der entsprechende Vertrag wurde 912 unterzeichnet und sprach dem Wikingerhäuptling ein großes Stück Land im Nordwesten Frankreichs zu. Im Gegenzug erklärte Rollo, zum Christentum überzutreten und dem König beim Schutz des Frankenreichs zur Seite zu stehen.

Diese Lösung war keineswegs einfältig, wie der Name des Königs hätte vermuten lassen können, sondern genial. Die Wikinger wurden dazu motiviert, sich niederzulassen und ihre Raubzüge einzustellen, und Karl nahm eine ernst zu nehmende Streitmacht in seinen Dienst auf – eine Streitmacht, die im Notfall an vielen Orten zum Einsatz kommen konnte. 924 erhielt Rollo weitere Ländereien in der zentralen Normandie. Er starb um 933 und sein Sohn Wilhelm Langschwert erhielt im Anschluss weitere Landrechte.

Dreimal war es den Wikingern somit nun gelungen, europäischen Königshäusern Friedensverträge aufzuzwingen – 878 war es die Vereinbarung zwischen Alfred von Wessex und Guthrum gewesen, die das Danelag begründete; Anfang des 10. Jahrhunderts die Vereinbarungen zwischen dem Kaiser von Byzanz und den Kiewer Rus; und schließlich die Landgeschäfte in der Normandie zwischen König Karl und Rollo. Keiner der Wikingerstaaten sollte die Jahrhunderte überdauern, aber der kulturelle Einfluss war gewaltig.

DIE BEDEUTUNG DER NORMANNEN

Heutzutage ist die Normandie wohl vor allem dafür bekannt, dass dort am 6. Juni 1944 die Alliierten landeten und der Zweite Weltkrieg in Europa in seine Endphase trat. Aber schon lange davor war die nordfranzösische Region von großer Bedeutung. Von hier aus startete nämlich Wilhelm der Eroberer 1066 nach England, wo er den Thron an sich reißen konnte. Damals war seit der Gründung des Herzogtums Normandie gerade einmal ein Jahrhundert vergangen und in dieser Zeit hatten die Wikinger, die das Herzogtum begründet hatten, ihre Religion geändert, ihren kriegerischen Lebensstil und ihre Sprache. Sie waren jetzt Christen und sprachen eine Art Frühfranzösisch.

MISCHMASCH ENGLISCH

Aus Sicht der Sprachforscher ist die englische Sprache sehr ungewöhnlich, denn sie ist eine Mischung aus zwei unterschiedlichen Zweigen der indoeuropäischen Sprachfamilie – Germanisch und Latein. Vor 1066 war Altenglisch eng mit der germanischen Sprache Altnordisch verwandt. Im Norden der Insel war die Ähnlichkeit sogar noch größer, da hier in Folge des Danelags viele skandinavische Begriffe Einzug in die Sprache hielten.

Nach 1066 wurde Altfranzösisch zur dominanten Sprache. Altfranzösisch zählt zu den italischen Sprachen, weil es vom Lateinischen abstammt. Altfranzösisch und Altenglisch verschmolzen im Laufe der Zeit, aber bis heute hat die Mehrheit der englischen Wörter ihre Wurzeln im Lateinischen und nicht im Germanischen.

Die Normannen hatten aufgehört, auf Raubzüge zu gehen und zu plündern, aber das hielt sie nicht davon ab, von Expansion zu träumen. Ein Beispiel ist die Invasion in England. Etwas früher, in den 1050er-Jahren, führten der Schwadroneur Roger und seine Brüder eine Expedition nach Sizilien an und machten sich daran, die Insel zu erobern. 1091 war es ihnen gelungen, sie regierten fortan die gesamte Insel. Das daraus entstehende Königreich Sizilien sollte bis 1816 Bestand haben. Wie ihre Wikinger-Ahnen waren auch die Normannen überall in Europa zu finden. Häufig verdingten sie sich bei den verschiedenen Königshäusern als Söldner.

KAPITEL DREI

So lebten die Wikinger

Sprechen wir über Wikinger, taucht vor unserem inneren Auge das Bild von tollkühnen Seefahrern auf, immer auf der Suche nach Abenteuer und der nächsten Beute. Aber wie wir in den vorigen Kapiteln gesehen haben, errichteten die Wikinger ab dem 9. Jahrhundert in vielen der Länder, in denen sie eingefallen waren, Siedlungen. Von dort aus brachen sie zu weiteren Erkundungsfahrten und Raubzügen in weit entfernte Länder auf. Und nach ihrer Rückkehr setzten sie sich ans Feuer und erzählten sich Geschichten über die Götter und deren Taten. Aber wie sahen diese Siedlungen aus?

JAGEN UND DAS LAND BESTELLEN

Eine zuverlässige Nahrungsversorgung musste gewährleistet sein, das war die wichtigste Bedinung, die jede dauerhafte Siedlung erfüllen musste. Die Wikinger waren versierte Jäger und Fischer, aber sie kannten sich auch mit der Landwirtschaft aus. Wenn es guten Boden gab und das Klima mitspielte, brachten sie Erntepflanzen aus und betrieben Viehzucht.

Vor allem Pferde waren wichtig, als Transportmittel, aber auch, um das Land zu bestellen. Das erklärt auch, warum Pferde in der Mythologie der Wikinger eine so wichtige Rolle spielten, beginnend mit Sleipnir, dem achtbeinigen Ross Odins. Archäologische Funde an Wikingerstätten zeigen, dass die Menschen damals unter anderem Honig, Eier und diverse Wildpflanzen aßen. Die *Rigsthula*, ein Gedicht aus der damaligen Zeit, erzählt von einem Bauern, der Ochsen gezähmt hat, der sich einen Pflug baute und Häuser und Scheunen errichtete, in denen er sein Heu lagerte. Um seine Ernte zu transportieren, baute er sich auch Karren.

Pferde und Ochsen ließen sich vor den Pflug spannen, damals noch eine ganz simple Konstruktion mit einer Eisenklinge, die den Boden aufbrach. Auf kleineren Feldern mussten die Bauern den Pflug schon selbst ziehen oder schieben, bis sie genug Geld für den Kauf eines Tiers beisammenhatten. Getreide wurde mit einer Sichel geschnitten, so wie im restlichen Europa auch. Das geerntete Getreide wurde – meistens von Hand – gemahlen, mit dem Mehl wurde dann Brot gebacken.

DIE RIGSTHULA

Von diesem Gedicht ist eine einzige Fassung überliefert, und zwar als Teil des *Codex Wormianus* aus dem 14. Jahrhundert. Dieser Codex enthält auch eine Version der *Prosa-Edda*. Das Gedicht schildert unter anderem die Taten des Gotts Rig. Mehr dazu in Kapitel 9.

Die Wikinger gingen auf die Jagd oder schlachteten Vieh, bei dem die Wikinger davon ausgingen, dass es den harten Winter im Norden nicht überleben würde. Das Fleisch wurde in lange Streifen geschnitten, gesalzen und in der Sonne oder über dem Feuer getrocknet und haltbar gemacht. Kühe wurden auf abgeerntete Weizenfelder getrieben. In Regionen wie Norwegen begann man damit, im Sommer die Schafe und Kühe in die Hochebenen zu treiben und zum Winter wieder zurück ins Tiefland zu holen.

Auf größeren Höfen arbeiteten Sklaven (Männer, die ihre Schulden nicht begleichen konnten oder die bei einem Feldzug gefangengenommen worden waren) und Landarbeiter Seite an Seite. Frauen und Kinder waren mit dem Weben von Tuch und anderen häuslichen Aufgaben beschäftigt, während der Ernte halfen aber auch sie auf dem Feld mit.

REISEN UND HANDEL

Wie wir gesehen haben, waren die Wikinger herausragende Seeleute. Aber was haben sie getan, wenn im Winter die skandinavischen Fjorde und die Wasserstraßen in Großbritannien und Irland zufroren? Manch landwirtschaftliche Gemeinde war dann komplett von der Außenwelt abgeschnitten und die Menschen mussten darauf hoffen, dass sie ausreichend Essen und Brennstoff für den Winter gebunkert hatten. Zweifelsohne dürfte es jeden Winter Siedlungen gegeben haben, die sich verkalkulierten und die kalte Jahreszeit nicht überstanden.

Allerdings war auch während des Winters ein begrenztes Reisen möglich. Archäologen haben eiserne Dornen gefunden, die die Wikinger an den Hufen der Pferde anbrachten, damit sie sicheren Tritt auf Eis hatten. Aus Knochen schnitzten sich die Menschen Schlittschuhe, dank derer sie sich auf gefrorenen Seen, Flüssen oder Buchten bewegen konnten.

Absolut unerlässlich für das ländliche Leben in Skandinavien war der Tauschhandel. Ein Hof besaß vielleicht ausreichend Essen, um seine Bewohner zu ernähren, aber dafür fehlte Werkzeug, Tuch oder Schmuck. Diese Dinge beschafften sich die Menschen dann durch Tauschhandel – falls die Männer sie nicht ohnehin von einem Überfall auf eine nicht von Wikingern bewohnte Gemeinde mitbrachten.

Als sich die Wikinger ostwärts ausbreiteten, nahmen auch ihre Handelskontakte zu. Das gilt insbesondere für die Zeit nach dem Entstehen der Kiewer Rus. Nun betrieben sie Handel bis ganz nach Konstantinopel. Ihren kriegerischen Charakter legten die Wikinger nie ganz ab, aber zumindest in diesem Teil des Landes spielte der Handel eine immer wichtigere Rolle. Im Laufe der Zeit fanden Waren aus dem Osten auch ihren Weg in den Westen und erreichten schließlich sogar Island.

BEI WIKINGERN ZUHAUSE

Die einst süddänische Siedlung Haithabu liefert uns einige der besten Indizien dafür, wie es in den Wikingergemeinden vermutlich ausgesehen hat. Der steigende Meeresspiegel bedeckte im Laufe der Zeit weite Teile der Stadt, was für die Archäologen gut war, denn Wasser konserviert Holz sehr gut und der Großteil der Häuser war aus Holz gebaut. Das hat dazu geführt, dass man hier mehr Reste einer Wikingersiedlung gefunden hat als irgendwo sonst.

Die Häuser wurden als Stabbauten angelegt. Die Bauarbeiter trieben hölzerne Stäbe in den Boden und errichteten so eine durchgehende Mauer. Außen wurden Stützpfeiler angebracht, die dafür sorgten, dass die Mauern unter dem Gewicht des Dachs seitlich nicht wegbrachen. Das Dach selbst war mit Stroh gedeckt, wobei ein Loch blieb, damit der Rauch vom Feuer nach außen entweichen konnte.

Innen waren die Häuser extrem schlicht eingerichtet. Die Bänke waren irden und wurden durch Holzbretter zusammengehalten. Hier konnte die Familie sitzen oder schlafen. In einigen Häusern gab es auch richtige Bänke, auf dem Oseberg-Schiff beispielsweise fand man eine.

In baumarmen Regionen wie Irland, Island oder den äußeren Inseln Schottlands wurden Häuser eher aus Stein gebaut, die trocken übereinandergestapelt wurden. Alternativ wurden auf einem Steinfundament Torfwände errichtet und auch das Dach war aus Torf.

Solche Häuschen waren entsprechend klein und boten wenig Platz für die Bewohner. Das Familienleben war eine ausgesprochen intime Angelegenheit, denn Eltern, Kinder und Großeltern hockten sehr eng aufeinander. Während der Sommermonate hielten sich die Menschen zumeist draußen auf, kümmerten sich um die Felder und die Tiere, im Winter dagegen verbrachten die Menschen viele Wochen im Haus rund um das Feuer versammelt. Um die Zeit totzuschlagen, erzählte man sich gegenseitig Geschichten.

MÖBEL

Wikingerhäuser waren sparsam möbliert, es gab schlichtweg nicht viel Platz für Nebensächlichkeiten. Mittelpunkt des Familienlebens war der Herd, auf dem Holz oder Torf verbrannt wurden.

Das wichtigste Kochutensil im Haus war der Kessel. Er hing von einem Spieß über dem Feuer. In diesem Kessel wurden Eintöpfe oder Suppen zubereitet und wie wir sehen werden, spielte der Kessel auch in der Mythologie der Wikinger eine zentrale Rolle – vor allem ein magischer

Kessel, der einen unendlichen Vorrat an Essen enthält. Grundsätzlich wurden Kessel aus Eisen hergestellt, aber es gibt auch einige, die aus Speckstein geschnitzt wurden und eiserne Griffe hatten.

WAS IST TORF?

Torf wird aus Mooren oder sumpfigem, feuchtem Boden herausgegraben. Es sind Schichten verrotteter Vegetation, die zu einer festen Masse zusammengepresst wurde. Getrocknet kann Torf als Brennstoff verwendet werden, wobei er eher schwelt als brennt. Ein Torffeuer entwickelt entsprechend keine hohen Flammen, produziert aber sehr lange Hitze. Es wird also deutlich weniger Brennstoff verbraucht als bei einem Holzfeuer.

Der Spieß konnte auch dazu verwendet werden, Fleisch zu braten. Mit eisernen Messern schnitt man sich dann seine Portion ab und verzehrte sie mit den Fingern. Um die Suppe im Topf umzurühren, verwendeten die Wikinger hölzerne Löffel, und das Essen wurde in tönernen Töpfen gelagert. Fisch und Fleisch konnten auch im Erdofen gekocht werden – sie wurden in ein Loch im Boden gelegt und mit heißen Steinen umringt.

In erster Linie pflanzten die Wikinger Gerste und Roggen an und backten daraus Brot. Sie brauten aus diesen Getreidesorten aber auch ein starkes Bier und fermentierten Honig, um daraus Met herzustellen. Met war damals weitverbreitet und taucht auch immer wieder in den Mythen der Wikinger auf, so zum Beispiel als Skaldenmet, den Odin für die Götter stiehlt. Zur Milchgewinnung hielten die Wikinger Ziegen und Kühe, Wein gelangte durch Handel oder Raubzüge nach Skandinavien (viele Klöster in Großbritannien bauten Wein an), war aber dermaßen teuer, dass er nur den oberen Rängen vorbehalten war.

WEBEN

Neben vielen anderen Pflichten waren die skandinavischen Frauen auch für das Weben zuständig. Anstelle von Spinnrädern verwendeten die Frauen eher Handspindeln zum Verarbeiten der Wolle, weil die Spindeln kompakter und leichter herzustellen sind. An einem stehenden Webrahmen konnte eine erfahrene Weberin während eines langen Winters so viel Tuch herstellen, dass es zum Einkleiden der gesamten Familie reichte. Bei Ausgrabungen in ehemaligen Wikingersiedlungen wurden große Mengen an Artefakten gefunden, die belegen, wie modern das Weben und Färben sowie das Instandhalten der Kleidung ablief. Aber natürlich mussten auch die Segel, die eine so wichtige Rolle bei den Langbooten der Wikinger spielten, gewoben werden.

SPIELE

Die Wikinger verbrachten ihre Zeit nicht nur damit, Geschichten zu erzählen, zu trinken und miteinander zu kämpfen. Archäologen haben Brettspiele aus Holz oder

Stein gefunden, die Figuren ähnelten dabei Murmeln. Spätestens ab dem 12. Jahrhundert war auch auf den äußeren Inseln Schottlands das Schachspiel bekannt, sodass es durchaus denkbar ist, dass sich zumindest einige Wikinger auf diese Weise die Zeit vertrieben.

DIE LEWIS-SCHACHFIGUREN

1831 wurden auf Lewis, einer Insel vor der schottischen Küste, die zu den Äußeren Hebriden gehört, Schachfiguren entdeckt. Nach vorherrschender Einschätzung der Fachleute wurde zumindest ein Teil dieser Figuren im norwegischen Trondheim gefertigt.

DIE ENTWICKLUNG VON STÄDTEN UND HANDEL

Zu Beginn des Wikinger-Zeitalters waren kleine Siedlungen die Norm, aber während sich die Wikinger immer weiter ausbreiteten und ihre Handelsgeschäfte mit anderen Kulturen vertieften, nahm auch die Zahl der städtischen Gebiete zu. Auf den ersten Blick klingt das komisch – »Wikinger« und »Stadtmenschen«, wie soll das zusammenpassen? Tatsächlich jedoch wurde es aufgrund des zunehmenden Handels nötig, dass mehr Kleinstädte und Städte entstanden. 873 beispielsweise ließen sich Wikinger in Absprache mit dem König der Franken auf einer Insel in der Loire nieder und nahmen den Handel mit den umliegenden Gemeinden auf.

Zu dieser Entwicklung beigetragen hat auch, dass die Wikinger von den Orten, in denen sie eingefallen waren, formal Tribut forderten. Solange dieser Tribut prompt gezahlt wurde, fungierte er als Schutzgeld und sorgte dafür, dass die Tributzahler von Überfällen der Wikinger verschont blieben. Das hatte zur Folge, dass regelmäßig große Geldbeträge in die Wirtschaft der Wikinger gepumpt wurden. Ein Beispiel: Im Rahmen der Vereinbarung, die in England das Danelag begründete (siehe Kapitel 2), erhielten die Wikinger zwischen 991 und 1014 über 150 000 Pfund Silber. Die skandinavischen Länder prägten ihre eigenen Münzen, die sich dann in den Schatztruhen der Wikinger mit Münzen aus vielen anderen Reichen vermischten.

HANDELSWAREN

Dank ihres Münzgelds konnten sich die Wikinger Dinge kaufen, die sie nicht selbst fertigen konnten – gute, belastbare Waffen, etwa Schwerter, die nicht aus dem rasch spröde werdenden Eisen, sondern aus anderen Metallen gefertigt waren. Oder Töpfe, Pfannen und andere »Luxus-Küchenartikel«. Oder feine Tücher aus dem Osten. All diese Waren kursierten in den von Wikingern bewohnten Gebieten und fanden schließlich sogar ihren Weg nach Island.

Im Gegenzug brachten die Wikinger viele Waren in den Wirtschaftskreislauf des mittelalterlichen Europas ein, die bis dahin knapp gewesen waren – Sklaven beispielsweise, Pelze und Walrosselfenbein. Dank der ständigen Überfälle auf Großbritannien, Irland und sonstige Orte verfügten die Wikinger stets über größere Mengen an Gefangenen, die sich beispielsweise in Kiew oder im byzantinischen Reich als Sklaven veräußern ließen.

Ausgrabungen in Schweden, Norwegen und Dänemark zeigen, dass die Anwesenheit von Händlern in beide Richtungen funktionierte: Die Wikinger reisten mit Booten voller Waren Richtung Osten, dafür machten sich immer mehr Kaufleute aus dem Osten Richtung Westen auf. All das hatte zur Folge, dass sich nicht nur Waren ausbreiteten, sondern auch Kultur. Bilder von Thor und Odin waren in vielen Teilen Europas zu finden, ebenso Wikingergeschichten über diese und andere Götter und Helden.

STÄDTE

In jeder Gesellschaft sind Städte wichtige Knotenpunkte des Handels. Hier wird die Bevölkerung gebündelt, hier ist es möglich, eine Wirtschafts-Infrastruktur aufzubauen und auszubauen. Während der Wikingerzeit nahm die Zahl der Städte rasch zu.

Das bereits erwähnte Haithabu ist den Gelehrten zufolge eine typische Stadt für die Blütezeit der Wikingerperiode. Ein Fluss führte mitten durch die Stadt und sorgte gleichermaßen für Trinkwasser und den Abtransport von Abfällen. Der Fluss mündete in den Ozean, weshalb die Menschen von Haithabu im Hafen Piere bauten, damit dort eine größere Anzahl an Schiffen anlegen konnte.

Vom Meer aus zog sich landeinwärts in einem Halb-
kreis ein Wall um die Stadt. Ursprünglich war er zwischen
sechs und neun Metern hoch. Um diesen Wall verlief zu-
sätzlich eine weitere Außenmauer. Auf drei Seiten war
Haithabu somit von den Mauern geschützt, auf der vierten
Seite vom Meer. Eine beeindruckende Verteidigungsan-
lage, aber dennoch wurde die Stadt im 11. Jahrhundert
wiederholt zerstört. Nach einem weiteren Angriff beschlossen die Bürger, die Stadt nicht wiederaufzubauen, und
Haithabu verfiel. Der Meeresspiegel stieg, bedeckte schließlich einen Großteil der Gebäude und bewahrte sie so für
die Nachwelt.

WAFFEN DER WIKINGER

Ein Großteil des Wikinger-Lebens hatte mit Schlachten,
Überfällen und Krieg im Allgemeinen zu tun. Entsprechend wichtig ist es, möglichst gut zu verstehen, wie die
Wikinger kämpften und womit sie kämpften. Zum Glück
gibt es in diesem Punkt eine Menge Informationen. Dass
wir heute wissen, wie sich die Kampfmethoden der Wikinger und ihre Ausrüstung im Laufe der Jahrhunderte verän-
derten, liegt vor allem auch daran, dass die Wikinger ihre
Krieger mit ihren Waffen begruben.

Sehr verbreitet ist das Bild von heranstürmenden Wikingern, die eine Streitaxt schwingen. Tatsächlich jedoch
griffen die Nordmänner eher zu Schwertern oder Speeren.
Anfangs besaßen die zumeist aus Eisen gefertigten Schwer-

ter nur eine Schneide, später kamen dann zweischneidige Schwerter auf, die besser ausbalanciert waren. Das liegt an der flachen Vertiefung in der Klinge, der sogenannten Hohlkehle. Die Schwerter wurden in Scheiden getragen und Schwertgriff und Scheide waren oftmals mit komplexen Verzierungen geschmückt. Besondere Schwerter – und in den Mythen auch magische Schwerter – trugen einen eigenen Namen. Schwerter waren teuer und die besten Waffen erhielt man meistens nur im Handel, insofern war es nicht ungewöhnlich, dass eine besonders gelungene Waffe über Generationen hinweg an die Söhne weitergegeben wurde.

Wurfspeere, die geschleudert wurden, waren vergleichsweise leicht. Sie waren bei Seegefechten mit anderen Langbooten hilfreich, denn auf diese Weise ließen sich feindliche Besatzung und feindliche Krieger ausschalten, ohne dass man selbst in Gefahr war. Speere, die eher für den Nahkampf gedacht waren, hatten eine schwerere Spitze und auch der Stab war stabiler.

Die Äxte, die im Kampf zum Einsatz kamen, unterschieden sich nicht groß von der Axt für den Hausgebrauch. Sie wiesen eine breite Klinge auf und waren hervorragend ausbalanciert. Gegenüber einem Schwert hatten die Äxte einen Nachteil – mit einem Schwert konnte man zustoßen *und* parieren.

Zum Schutz trugen die Krieger große, auffällig dekorierte Holzschilde, die Pfeile und auch nicht allzu heftige

Axt- und Schwertschläge abhalten konnten. Rüstungen gab es kaum. Die Krieger trugen konische Helme, häufig mit einem Schutz für Nase und Ohren (siehe Kapitel 13 über den Schatz von Sutton Hoo). Das weit verbreitete Bild des Wikingers mit Hörnerhelm ist nicht historisch, sondern eine moderne Legende.

SCHLACHTEN

Anders als bei Überfällen wie dem, bei dem Lindisfarne 793 zerstört wurde, hielt der Anführer einer Wikingerarmee vor einer Schlacht eine Ansprache an seine Männer. Er peitschte sie auf und stimmte sie auf den bevorstehenden Kampf ein. Wenn man bedenkt, dass sich vor manchen Schlachten 1000 oder sogar 1500 Krieger auf einer vermutlich windigen Ebene versammelten, muss man davon ausgehen, dass nur die ersten Reihen die Ansprache hörten und das Gesagte dann an die hinter ihnen Stehenden weitergaben.

Üblich war es auch, den Gegner mit Beschimpfungen zu überziehen. Das erklärt auch, warum sich in vielen Geschichten der Edda Götter und Menschen gegenüberstehen, sich gegenseitig verfluchen und der Feigheit bezichtigen.

Belagerungen nahmen die Wikinger nur selten vor, allerdings waren ihnen Belagerungsmaschinen nicht unbekannt. Eine Ausnahme war die Belagerung von Paris im 9. Jahrhundert – vermutlich war es die Aussicht auf fette

Beute, die die Wikinger dazu bewog, es in diesem Fall mit einer Belagerung zu versuchen.

Alles in allem lässt sich sagen, dass die Wikinger herausragende Krieger waren, dass sie gleichzeitig aber auch ein stetes und produktives Leben als Bauern, Händler und Stadtmenschen führten.

KAPITEL VIER

Die Quellen der Wikingermythen

Zum Glück verfügen wir über reichlich Quellenmaterial über die Mythen der Wikinger, aber eine Quelle sticht heraus.

Im 13. Jahrhundert schrieb der in Island geborene Snorri Sturluson das Werk, das heute als *Prosa-Edda* bekannt ist. Dieses Buch ist die bedeutendste Sammlung altnordischer Götter- und Heldenlieder des Mittelalters. Sie überliefert den Sagenschatz der Wikinger und Germanen aus dem 8. bis 12. Jahrhundert und schildert einige der wichtigsten Erzählungen rund um das Treiben der Gottheiten.

SNORRI STURLUSON

Snorri Sturluson (1179–1241) war eine wichtige Figur in Island. Die Insel wurde damals nicht von einem König regiert, sondern von einer Versammlung einflussreicher Personen, dem Althing. Zweimal wurde er zum Gesetzessprecher des Althings gewählt, ein wichtiges Amt. Snorri stammt aus einer ranghohen Familie, wurde aber von Jon Loftsson großgezogen, »Islands ungekröntem König«, wie einige Historiker sagen. Offenbar lag Snorris Vater Sturla mit einem anderen Adligen über Kreuz, nachdem dessen Frau Sturla mit einem Messer angegriffen hatte. Sturla erlitt bloß einen Schnitt an der Wange, verlangte aber als Wiedergutmachung eine gewaltige Entschädigung. Loftsson schaffte den Streit aus der Welt, indem er zustimmte, Snorri wie seinen Sohn zu erziehen, was einem Aufstieg in der isländischen Gesellschaft gleichkam.

Bereits in jungen Jahren legte Snorri Interesse an skandinavischen Mythen an den Tag. Nachdem er 1215 das erste Mal zum Gesetzessprecher gewählt wurde, reiste er auf Einladung von König Hakon IV. nach Norwegen. Hakon hoffte, seinen Herrschaftsbereich auf Island ausdehnen zu können. Durch andere Verbindungen erfuhr Snorri zudem viel über die Geschichte Schwedens. Als er nach Island zurückkehrte, besaß er also ein außergewöhnlich umfangreiches Wissen, was die Historie und die Kultur Skandinaviens anging. In Island agierte er zudem für den norwegischen König als Lobbyist, wie wir es heutzutage wohl nennen würden. 1222 wurde Snorri erneut zum Gesetzessprecher gewählt. Seine Nähe zu Norwegen brachte ihn allerdings immer stärker in Konflikt mit anderen isländischen Häuptlingen und 1238 stufte Hakon IV. Snorri nicht länger als vertrauenswürdig ein. Als Snorri erneut Norwegen besuchte, versuchte der König, ihn festzusetzen. 1239 gelangte Snorri trotzdem nach Island zurück, inzwischen hatte er sich jedoch von nahezu allen anderen Häuptlingen entfremdet. 1241 wurde ein Plan geschmiedet, ihn zu ermorden, und im Herbst wurde das Vorhaben dann wirklich in die Tat umgesetzt. Die Mörder trieben Snorri im Keller seines Hauses in die Ecke und obwohl er um sein Leben flehte, erschlugen sie ihn.

DIE PROSA-EDDA

Snorris wichtigstes Werk ist die *Prosa-Edda*, ein in mehrfacher Hinsicht bemerkenswertes Werk. Zum einen enthält sie eine ziemlich systematische Erklärung der skandinavischen Mythen. Des Weiteren deutet Snorri an, dass es sich bei den Göttern der Wikinger-Mythologie um reale Menschen handelt, deren Taten in Erinnerung blieben und im Laufe der Zeit zu einem Kult überhöht wurden, sodass diese Personen schrittweise zu Göttern wurden. So erzählt er, dass Odin und Thor ursprünglich trojanischer Abstammung waren. Odin sei nach Skandinavien gereist, wo seine Nachkommen zu Herrschern und Vorvätern der verschiedenen regionalen Stämme aufstiegen.

EDDA

Was genau »Edda« bedeutet, ist nicht endgültig geklärt. Die *Prosa-Edda* wurde in Altisländisch geschrieben (einer Variante des Altnordischen) und auf Altisländisch bedeutet das Wort »Urgroßmutter«. Snorris Original ist verlorengegangen, insofern ist noch nicht einmal klar, ob er das Wort überhaupt im Titel verwendet hat.

DIE STRUKTUR DER EDDA

Die Edda besteht aus vier Teilen:

1. Der Prolog
2. Die *Gylfaginning* (»Gylfis Täuschung«)
3. Die *Skaldskaparmal* (»Die Sprache der Dichtkunst«)
4. Das *Hattatal* (Verzeichnis der Versformen)

Die längsten der vier Teile sind die *Gylfaginning* und das *Hattatal*. In der Gylfaginning werden die Informationen von einer Handlung eingerahmt – eine Reise von König Gylfi nach Asgard. Gylfi war »ein weiser Mann und zauberkundig«, schreibt Snorri. Gylfi wusste von der Existenz des Volks der Asen, das in allen Dingen kundig war, und er wollte herausfinden, ob es an den Göttern lag, die sie verehrten. Also verkleidete sich Gylfi als alter Mann und reiste zum Sitz der Asen nach Asgard. Doch die Asen besaßen die Gabe, in die Zukunft zu blicken, und wussten, dass er kam. Sie beschlossen, ihn zu täuschen.

SKALDSKAPARMAL
UND HATTATAL

Diese Teile der Edda beschäftigen sich mit den technischen Formen der nordischen Poesie. Vorgeblich handelt es sich um ein Gespräch der Götter Bragi und Ägir über Formen der Poesie, tatsächlich ist die *Skaldskaparmal* eine lange Liste sogenannter Kenningar. Als Kenning (Plural: Kenningar) wird eine Form der bildlichen Umschreibung bezeichnet, bei der zwei Wörter als Metapher für ein drittes Wort dienen. Ein Beispiel: Statt »Schiff« könnte ein Dichter von einem »Wellenross« sprechen, wenn er sich blumiger ausdrücken möchte.

Im *Hattatal* beschreibt Snorri verschiedene Versformen und zieht dazu als Beispiel seine eigenen Verse heran. In moderneren Versionen der *Prosa-Edda* fehlt dieser Abschnitt oftmals.

Als Gylfi nach Asgard gelangte, fand er dort eine große Halle vor, deren Dach mit goldenen Schilden gedeckt war. So hoch war die Halle, dass er nur mit Mühe darüber hinwegsehen konnte. Bei dieser Halle handelte es sich um Walhalla, das wusste er. Ein Mann bewachte das Tor und jonglierte mit sieben Schwertern. Gylfi, der sich als Reisender namens Gangleri getarnt hatte, fragte den Mann, worum es sich bei der Halle handele.

»Hier wohnt unser König«, erwiderte der Mann. »Und wer ist das?«, wollte Gylfi wissen.

»Kommt mit mir. Ich führe Euch zu ihm, dann könnt Ihr ihn selbst fragen«, antwortete der Mann.

Sie betraten die Halle und Gylfi sah drei Throne, einer höher als der nächste. In jedem dieser Throne saß ein Mann. Der Mann im niedrigsten Thron heiße Hor (»der Hohe«), beim Mann auf dem nächsthöheren Thron handele es sich um der Ebenhohe, wurde Gylfi beschieden. Der dritte Mann heiße der Dritte.

Gylfi begann, die Männer nach den Göttern zu befragen, und ihre Antworten stellen den restlichen Teil der *Gylfaginning* dar.

DIE GOLDENE HALLE

Das goldene Dach Walhalls taucht in einigen Geschichten auf. Leser von J.R.R. Tolkiens *Herr der Ringe* – ein Werk, in dem nordische Legenden eine sehr starke Rolle spielen – dürften sich an Meduseld erinnert fühlen, das Heim von Theoden von Rohan. Auch Meduseld wird als »die Goldene Halle« bezeichnet, was möglicherweise eine Referenz an Walhalla darstellt.

Gylfi nimmt eine ziemlich methodische Befragung der geheimnisvollen drei Asen vor. Zunächst befragt er sie nach den Ursprüngen der Welt, dann will er etwas über die verschiedenen Götter wissen, unter anderem über den Göttervater Odin, über Thor und Loki (der zwar kein Gott ist, aber viel Zeit damit verbringt, die Götter zu ärgern). Auch zu den zweitrangigen Göttern und Göttinnen stellt er Fragen. Von da ausgehend fragt er Geschichten über die Götter ab.

Die drei Männer antworten sehr entgegenkommend, geben ausführliche Erklärungen und erzählen lange Geschichten. Schließlich kommen sie auf Ragnarök zu sprechen, das Ende der Welt. Ausführlich legen sie Gylfi dar, was bei Ragnarök geschehen wird. Gylfi fragt, ob Ragnarök das tatsächliche Ende der Welt bedeuten wird oder ob danach noch etwas kommt. Daraufhin spricht Hor kurz über den Aufstieg einer neuen Welt, die sich aus der Asche der alten erheben wird und schließt mit den Worten:

> »Wenn du aber nun weiter fragen willst, so weiß ich nicht, woher dir das kommt, denn nie hört' ich jemanden mehr von den Schicksalen der Welt berichten. Nimm also hiermit vorlieb.«

Als nächstes hört Gylfi/Gangleri lauten Krach um sich herum und stellt fest, dass er mitten auf einer großen, leeren Ebene steht. Keine Spur mehr zu sehen von der Festung oder der Halle, in der die drei Asen gesessen hatten.

> »Da ging er seines Weges fort und kam zurück in sein Reich, und erzählte die Zeitungen, die er gehört und gesehen hatte, und nach ihm erzählte Einer dem Andern diese Geschichten.«

DIE ÄLTERE EDDA

In der *Prosa-Edda* arbeitet Snorri mit zahlreichen Zitaten aus Gedichten und der Großteil davon ist nicht aus anderen Quellen bekannt. Zu Snorris Zitaten zählen:

- *Der Seherin Weissagung*
- *Das Hyndlalied*
- *Das Lied von Wafthrudnir*
- *Das Lied von Grimnir*
- *Das Lied von Fafnir*
- *Lokis Zankreden*

Von diesem Material stammt einiges aus der *Lieder-Edda* (mehr dazu gleich), für andere Elemente hat sich Snorri nach Einschätzung von Fachleuten dagegen bei einer Quelle bedient, die mittlerweile verlorengegangen ist. Diese Quelle wird als ältere Edda bezeichnet.

DIE LIEDER-EDDA

Natürlich ist Snorri nicht unsere einzige Quelle für die Mythen der Wikinger, genauso wichtig ist die *Lieder-Edda* (die so heißt, um sie besser von Snorris Buch unterscheiden zu können).

Die *Lieder-Edda* entstand im 13. Jahrhundert, aber die Texte, die dort gesammelt und verarbeitet werden, sind viel älter. Die meisten entstanden vermutlich noch vor dem Aufstieg der Wikinger. Der Autor der *Lieder-Edda* ist nicht bekannt, es kursieren allerdings mehrere Theorien.

Die Edda wird mit Island assoziiert, aber Island wurde erst um das Jahr 870 besiedelt. Insofern kann man davon ausgehen, dass viele Gedichte anderswo entstanden und dann an Bord der Wikingerschiffe nach Island gelangten.

Es gilt als unumstritten, dass Snorri Zugang zu dem Werk hatte und sich für die *Prosa-Edda* daran bedient hat.

Ihr Ursprung mag ein Rätsel sein und ihr(e) Autor(en) vergessen, aber die *Lieder-Edda* hatte einen gewaltigen Einfluss auf die nordeuropäische Literatur. Sie enthält die Geschichte von Sigurd und Brynhild, eine norwegische Version des Ring des Nibelungen. Und mit der *Völuspa* (»Der Seherin Weissagung«) enthält sie das wichtigste nordische Schöpfungsgedicht. Alles in allem enthält der *Codex Regius* 29 Gedichte oder Gedichtfragmente (möglicherweise waren es früher mehr, der Codex ist nämlich 45 Manuskriptseiten lang, aber es fehlen acht weitere Seiten), außerdem enthalten die meisten Edda-Versionen weitere fünf Gedichte, sodass es sich um insgesamt 34 handelt.

DER CODEX REGIUS

Das wichtigste Manuskript der *Lieder-Edda* ist der *Codex Regius*. Entstanden ist es im späten 13. Jahrhundert, vermutlich um 1270. Viele Jahre lang wurde das Manuskript in Kopenhagen aufbewahrt, mittlerweile jedoch befindet es sich in Island. J.R.R. Tolkien war ein Experte für den *Codex Regius* und hielt regelmäßig Vorlesungen dazu ab. Er übersetzte Teile des Werks, die 2010 auch auf Deutsch erschienen (*Die Legende von Sigurd und Gudrun, Klett-Cotta*).

DIE VÖLUSPA

In der *Völuspa* wird geschildert, wie die Welt entstand und wie sie von Menschen bevölkert wurde. Der Name geht darauf zurück, dass die Seherin (*Völva*) Odin fragt, ob sie von der Entstehung der Welt erzählen solle. Mit seiner Zustimmung beschreibt sie dann, wie aus dem Leichnam des Riesen Ymir (siehe Kapitel 5) die Welt geformt wurde. Sie berichtet, wie der erste Mann und die erste Frau geschaffen wurden, und wie zwischen zwei Götterrassen, den Asen und den Wanen, Kämpfe ausbrachen.

DAS DVERGATAL

Mitten in der *Völuspa* taucht auf einmal eine »Zwergenzählung« auf, eine Liste mit Zwergennamen. Die meisten Fachleute sind sich einig, dass diese Liste erst später hinzugefügt wurde und nicht Teil des ursprünglichen Gedichts war. Unter den aufgeführten Namen finden wir:

- Durinn
- Nainn
- Bifurr
- Bafurr
- Bomburr
- Nóri
- Gandalfr
- Thrain
- Thorinn
- Fili
- Kili
- Dóri
- Óri

Lesern von Tolkiens *Der kleine Hobbit* oder *Der Herr der Ringe* werden viele dieser Namen natürlich vertraut vorkommen.

Die Seherin beschreibt, wie Balder, der schönste aller Götter, getötet wird, was Loki damit zu schaffen hatte und wie Odin anschließend versucht, den beliebten Balder von Hel, der Göttin der Unterwelt, zurückzuholen (siehe Kapitel 7). Und schließlich ist in dem Gedicht auch noch die Rede von Ragnarök, dem Untergang der Welt, und der Wiedergeburt einer neuen Welt, die aus der Asche der alten entsteht (siehe Kapitel 14).

Unter den Gelehrten herrscht Konsens, dass die *Völuspa* im 10. Jahrhundert geschrieben wurde und dass Snorri als Quelle auf sie zurückgriff, denn in der *Prosa-Edda* zitiert er ausführlich aus dem Werk. In der damaligen Zeit befand sich Skandinavien gerade im Umbruch, das Heidentum wurde vom Christentum verdrängt, insofern macht sich vermutlich ein starker christlicher Einfluss bemerkbar. Tatsächlich gibt es Theorien, dass das Gedicht dazu diente, ältere religiöse Traditionen in irgendeiner Form zu bewahren.

Die Gedichte der *Lieder-Edda* sind wie folgt angeordnet:

GÖTTERLIEDER

- *Völuspa,* (»*Der Seherin Weissagung*«). Das Epos von der Entstehung der Welt.
- *Havamal* (»*Des Hohen Lied*«). Verse über Odins Weisheit und die Ratschläge, die er den Menschen gibt.
- *Vafthrudnismal* (»*Das Lied von Wafthrudnir*«). Ein Gespräch zwischen Odin, Frigg und später noch dem Riesen Wafthrudnir über die Struktur der nordischen Kosmologie.

- *Grimnismal* (»*Das Lied von Grimnir*«). Ein langer Katalog von Eigennamen. Der verkleidete Odin wird von König Geirröd gefoltert. Während er zwischen zwei Feuern gefesselt ist, spricht Odin mit Agnarr, dem jungen Sohn des Königs.
- *Skirnismal* (»*Skirnirs Ritt*«). Die Ballade von Freyrs Kurier Skirnir. Der Gott schickt ihn in das Land der Riesen, damit er ihm helfe, die Riesin Gerdr zu gewinnen.
- *Harbardsljod* (»*Das Harbard-Lied*«). Thor und Odin beschimpfen sich gegenseitig.
- *Hymiskvida* (»*Das Lied von Hymir*«). Thor veranstaltet mit dem Riesen Hymir ein Wettangeln. Um ein Haar gelingt es ihm dabei, die Midgardschlange zu fangen.
- *Lokasenna* (»*Lokis Zankreden*«). Loki wettert gegen die versammelten Götter Asengards.
- *Thrymskvida* (»*Das Thrym-Lied*«). Das Thrym-Lied heißt auch »*Des Hammers Heimholung*«. Es geht darum, wie Thors Hammer gestohlen wird. Als sich Thor als Freya verkleidet, um seinen Hammer zurückzuerlangen, kommt es zu komischen Zwischenfällen.
- *Alvissmal* (»*Das Alvislied*«). Der Zwerg Alvis möchte Thors Tochter heiraten. Dafür muss er aber zuerst einmal eine lange Befragung durch den Gott über sich ergehen lassen.
- *Baldrs Draumar* (»*Balders Träume*«). Odin sucht Hel auf, um herauszufinden, warum sein Sohn Balder so

schlecht schläft. Dabei erfährt er, dass Balder durch die Hand Hödurs sterben wird.

- *Rigsthula* (»*Rigs Merkreihe*«). Ein Gedicht über die Ursprünge der Welt. Ein Gott namens Rig erschafft die verschiedenen Klassen von Wesen, die die Erde bevölkern.
- *Hyndluljod* (»*Das Hyndlalied*«). Freya fragt die weise Frau Hyndla nach dem Stammbaum eines ihrer Lieblinge, nämlich Ottarr. Es folgt eine Abhandlung über die Abstammung vieler Helden der nordischen Mythologie.
- *Svipdagsmal* (»*Das Swipdagr-Lied*«). Die Liebesgeschichte von Swipdagr und Menglada.

DIE HELDENLIEDER

- *Völundarkvida* (»*Das Wölund-Lied*«). Die Geschichte des Handwerkers Wölund, der von einem König gefangengenommen wird. Der König schneidet ihm die Kniesehnen durch und lässt Wölund auf einer Insel für sich arbeiten. Dort stellt er schöne Objekte für den König her. Die Geschichte ist wie die vom Schmied Wieland, eine in der germanischen Mythologie weitverbreitete Erzählung.
- *Helgakvida Hjorvardssonar* (»*Das Lied von Helgi, dem Sohn Hjörwards*«). Hier wird die Geschichte von Helgi erzählt, dem Sohn des nordischen Königs Hjörward.

- *Helgakvida Hundingsbana* (»*Das Lied von Helgi dem Hundingstöter*«). Noch ein Lied von Helgi. In diesem Gedicht wird er als Sohn Sigmunds bezeichnet und die Rede ist auch von Sinfiötli, dem Sohn von Sigmund und dessen Schwester Signy.
- *Fra dauda Sinfjotla.* In diesem Gedicht erfährt man mehr Einzelheiten über die Geschichte des Sinfiötli, wie sie bereits in der Wälsungen-Saga angerissen wurde.
- *Gripisspa* (»*Gripirs Weissagung*«). Der junge Sigurd unterhält sich mit seinem Onkel Gripir. Im Verlauf der Unterredung gibt Gripir eine Weissagung zu Sigurds weiterem Leben ab.
- *Reginsmol* (»*Regins Reden*«). Ein Bericht über ein Gespräch, dass der Zwerg Andwari mit Loki führt. Loki nimmt das Gold des Zwergs und steckt es in ein Otterfell (siehe Kapitel 11).
- *Fafnismal* (»*Das Lied von Fafnir*«). Das Lied befasst sich mit dem Drachen Fafnir, der von Sigurd erschlagen wird und Sigurd dadurch zu Ruhm und Wohlstand verhilft.
- *Sigrdrifumal* (»*Das Lied von Sigrdrifa*«). Hier geht es um das Treffen von Sigurd und Brynhild. Brynhild wird anschließend als die Walküre Sigrdrifa identifiziert, die in einem Feuerkreis gefangen ist, weil sie ungehorsam gegenüber Odin war.
- *Brot af Sigurdarkvidu.* Das Schlussstück eines längeren Gedichts, des »*Lieds von Sigurd*«.

- *Gudrunarkvida I.* Das erste Gudrun-Lied und eine Art Koda zur Saga der Wälsungen. Sigurds Witwe Gudrun schildert, wie sie den Leichnam ihres Mannes gefunden hat, anschließend fünf Jahre umherzog und schließlich Atli heiratete.
- *Sigurdarkvida en Skamma* (»*Das kurze Lied von Sigurd*«). Ein Bericht, wie sich Gudruns Brüder gegen Sigurd verschwören und ihn erschlagen.
- *Helreith Brynhildar* (»*Brynhilds Helfahrt*«). Nachdem sie Sigurd in den Tod gefolgt ist, reist Brynhild auf der Straße nach Hel. Dabei wird sie von einer Riesin angesprochen und erzählt ihr Einzelheiten aus ihrem unglücklichen Leben.
- *Drap Niflunga* (»*Mord der Niflunge*«). Nach dem Tod Sigurds wird Atli der zweite Ehemann Gudruns. Sie rächt den Tod ihres Ehemanns, indem sie ihre Brüder Gunnar und Hogni tötet.
- *Gudrunarkvida II.* Der zweite Teil des Lieds von Gudrun.
- *Oddrunargratr* (»*Oddruns Klagelied*«). Atlis Schwester Oddrun beklagt den Tod ihres Geliebten Gunnar.
- *Atlakvida* (»*Das alte Atli-Lied*«). Hier wird noch einmal die Geschichte von Atli und Gudrun erzählt und wie sie sich für den Tod Sigurds rächt.
- *Atlamal* (»*Das jüngere Atli-Lied*«). Ein weiteres Gedicht, das sich mit den Taten Atlis und dem gewaltsamen Tod der Söhne Gjukis befasst.

- *Gudrunarhvot* (»*Gudruns Aufreizung*«). Die Geschichte von Swanhild, der Tochter von Sigurd und Gudrun, Gemahlin des Gotenkönigs Ermanarich. Sie wird (zu Unrecht) wegen Ehebruch verurteilt und auf Anordnung des Königs von Pferden zu Tode getrampelt.
- *Hamdismal* (»*Das Lied von Hamdis*«). Gudruns Söhne Hamdir und Sörli rächen sich an den Goten für den Tod ihrer Schwester.

DIE SKALDEN

Eine weitere wichtige Quelle für die Mythologie der Wikinger sind die Gedichte der Skalden. Hier finden sich Überschneidungen mit der *Lieder-Edda*, denn einige Werke der Skalden sind in der Edda enthalten, andere Kompositionen existieren als eigenständige Gedichte. Grundsätzlich werden als Skalden Dichter bezeichnet, die während des Wikingerzeitalters und danach an den Königshöfen Skandinaviens und Islands aktiv waren. Sie arbeiteten mit komplizierten Gedichtformen. Deshalb enthält der letzte Teil von Snorris *Prosa-Edda* auch eine Abhandlung zu den Versformen.

Snorri zählt zu den Skalden, andere wichtige Namen sind unter anderem:

- Eyvindr Finnsson, auch Eyvindr Skaldaspillir (10. Jahrhundert)

- Hallfredr Ottarsson, auch Hallfredr Vandraedaskald (10. Jahrhundert)
- Ulfr Uggason (10. Jahrhundert)
- Thorarinn Loftunga (11. Jahrhundert)
- König Harald der Harte von Norwegen (11. Jahrhundert)

KAPITEL FÜNF

Die Anfänge der Welt

Und so trug es sich zu Anbeginn der Zeit zu. Bevor die Welt erschaffen wurde, gab es zwei Reiche – im Süden lag Muspell, eine helle und heiße Welt. Flammen loderten Hunderte Fuß hoch in die Luft. So schrecklich war die Hitze, dass dort kein Wesen überleben konnte, das nicht von Muspell stammte. Ganz am Rande des Reichs steht der Schwarze, Surtur, ein Feuerriese. Er trägt ein Flammenschwert und verwehrt allen Fremden den Zutritt. Am Tag, an dem die Welt endet, wird er gegen die Götter kämpfen und sie und die Erde mit einem großen Feuer aus seinem Schwert vernichten.

Im Norden lag das klirrend kalte Reich Niflheim. Dort gab es Schnee und ewiges Eis, sogar die Luft selbst war gefroren. Elf Flüsse entsprangen von Niflheim, ihren Ursprung hatten sie allesamt in der großen Quelle Hwergelmir (»brausender Kessel«). Diese Flüsse heißen:

- Svol
- Gunnthra
- Fjorm
- Fimbulthul
- Slid
- Hrid
- Sylg
- Ylg
- Vid
- Leipt
- Gjoll

Gjoll liegt gegenüber den Toren, die nach Hel in die dunkle Unterwelt führen. Hier werden die Seelen der Lebenden von denen der Toten getrennt. All diese Flüsse ergießen ihr Wasser in den Raum zwischen Niflheim und Muspell. Dieses Nichts zwischen den beiden Welten heißt Ginnungagap (auch Himthusen), die »gähnende Schlucht«. Das Wasser, das in Ginnungagap stürzt, gefriert zu Eis, sodass sich die Leere langsam füllt. Nach oben hin wird das Wasser vom Feuer Muspells erwärmt und in Lehm verwandelt.

DIE ENTSTEHUNG VON YMIR

Aus diesem Lehm wurde ein Riese geformt, ein Mann namens Ymir. Er gilt als erstes Lebewesen und ist der Urvater des Geschlechts der Riesen.

YMIR DER BÖSE

Bei seinem Besuch in Asgard fragte Gylfi (als Gangleri verkleidet; siehe Kapitel 4) die drei Asen, ob es sich bei Ymir um einen Gott handele. »Nein«, erwiderte der Ase Hor. »Es handelt sich bei ihm auf keinen Fall um einen Gott. Er ist der Vater aller Eisriesen, aber er ist bösartig und deshalb ist auch das Geschlecht der Eisriesen bösartig.«

Im Schlaf schwitzte Ymir so stark, dass ihm der Schweiß in Bächen aus den Achseln lief. Aus dem Schweiß von seinem linken Arm wurden der erste Mann und die erste Frau geformt. Der Schweiß von seinen großen Beinen verschmolz und formte einen Sohn. Das war der erste der Eisriesen, der Feinde der Asen.

DIE KUH AUDHUMBLA

Aus dem Ton, aus dem Ymir geformt wurde, entstand auch eine gewaltige Kuh. Ihr Name war Audhumbla und sie ernährte den Riesen, denn er trank die Milch aus ihrem Euter. Sie selbst stärkte sich, indem sie den salzigen Rand von Ginnungagap ableckte. Dabei leckte sie die Umrisse eines Mannes aus dem Salz. In der *Prosa-Edda* berichtet Snorri:

>»Sie beleckte die Eisblöcke, die salzig waren, und den ersten Tag, da sie die Steine beleckte, kam aus den Steinen am Abend Menschenhaar hervor, den andern Tag eines Mannes Haupt, den dritten Tag war es ein ganzer Mann, der hieß Buri. Er war schön von Angesicht, groß und stark und gewann einen Sohn, der Börr hieß. Der vermählte sich mit Bestla, der Tochter des Riesen Bölthorn; da gewannen sie drei Söhne: der eine hieß Odin, der andere Wili, der dritte We.«

Das bedeutet, Göttervater Odin trägt Riesenblut in sich. Ihm und seinen Brüdern wurde klar, dass Ymir und die Riesen eine Gefahr für sie darstellten, also bewaffneten sie sich gut und zogen gegen den Riesen Ymir in den Kampf. So gewaltig war die Schlacht, dass die Welten oben wie unten erschüttert wurden. Schließlich fiel Ymir, gezeichnet von vielen Wunden.

Das Blut schoss in solchen Mengen aus seinen Wunden, dass es das Geschlecht der Eisriesen ertränkte. Einzig Bergelmir konnte mit seiner Familie und seinen Anhängern entkommen. Sie versteckten sich vor dem Zorn Odins und es gelang Bergelmir, mit der Zeit die Eisriesen wiederaufzubauen und sie konnten den Asen wieder zusetzen.

DIE ENTSTEHUNG MIDGARDS
Ymir war tot. Die drei Brüder Odin, Wili und We packten seinen Leichnam und platzierten ihn in Ginnungagap.

»Aus dem Blute, das aus seinen Wunden geflossen war, machten sie das Weltmeer, festigten die Erde darin und legten es im Kreis um sie her«, heißt es in der Edda. Aus seinem Fleisch formten sie die Erde und seine Knochen nahmen sie, um daraus gewaltige Gebirgszüge entstehen zu lassen.

Snorri schreibt weiter: »Sie nahmen auch seinen Hirnschädel und bildeten den Himmel daraus, und erhoben ihn über die Erde mit vier Ecken oder Hörnern, und unter jedes Horn setzten sie einen Zwerg; die heißen Austri, Westri, Nordri, Sudri.« Dann nahmen sie Funken, die aus den Feuern von Muspell davonstoben, und setzen sie an den Himmel – die Sterne waren geboren.

DER VERLAUF DER STERNE

Snorri zitiert in der *Prosa-Edda* einen Dichter, der sagt, Sterne, Sonne und Mond hätten ihren richtigen Verlauf nicht gekannt, deshalb habe es einige Zeit gedauert, bis er festgestanden habe.

EINE FESTUNG WIRD GEBAUT

Aber die Söhne Börrs waren noch nicht fertig mit ihrer Arbeit. Die Länder ganz am Rand der Erde, entlang der Seeküsten, wiesen sie dem Klan der Riesen als Heimstatt zu. Aus den Augenbrauen Ymirs bauten sie dann eine große Mauer rund um die Erde und nannten die Erde Midgard

(Mittelerde). Das Gehirn des Riesen schleuderten sie in die Luft, daraus entstanden die Wolken.

Jetzt durchstreiften die Söhne Börrs ihre Länder und gelangten zu zwei Bäumen, einer Esche und einer Ulme. Aus dem Holz dieser Bäume schufen sie einen Mann und eine Frau. Snorri schreibt: »Der erste Sohn gab Geist und Leben, der andere Verstand und Bewegung, der dritte Antlitz, Sprache, Gehör und Gesicht.« Den Mann nannten sie Ask (»Esche«) und die Frau nannten sie Embla (»Ulme«). Das waren die Urahnen des Menschengeschlechts.

HÖNIR UND LODUR

In der *Völuspa*, die zur *Lieder-Edda* gehört, wird Odin bei der Erschaffung der Menschen nicht von seinen Brüdern Wili und We begleitet, sondern von zwei anderen Brüdern und Göttern, Hönir und Lodur. Sonst ist nichts über sie bekannt.

ASGARD UND DIE ASEN

Mitten in Midgard errichteten die Söhne Börrs eine gewaltige Festung namens Asgard. Sie ist die Heimat der Götter, dort feiern sie ihre Gelage und von dort ziehen sie nach Midgard, um die Menschen zu besuchen. Gelegentlich ziehen sie auch los, um gegen die Riesen zu kämpfen.

Asgard lässt sich nur über die Brücke Bifröst erreichen, die für die Menschen aussieht wie ein Regenbogen.

DIE ASEN UND DIE WANEN

Neben den Asen gibt es ein weiteres Göttergeschlecht, nämlich die Wanen. Zu den Wanen gehören Freyr und seine Schwester Freya sowie deren Vater Njörd. Njörd zeugte die Kinder mit seiner Schwester, verheiratet ist er allerdings mit der übellaunigen Göttin Skadi. Er lebt in Noatun, wo er über die Wellen und das Wetter herrscht, was ihn natürlich entsprechend wichtig für die Wikinger macht.

ASEN UND WANEN

Fachleute für Mythologie haben sich ausführliche Diskussionen geliefert über die Existenz von zwei Göttergeschlechtern und, damit zusammenhängend, zwei unabhängigen Kulten. Njörd und die Wanen scheinen in Schweden beliebter gewesen zu sein, Odin und die Asen hingegen waren in Norwegen, Dänemark und später Island populär.

Es gibt Theorien, denen zufolge die Wanen-Götter eher mit Fruchtbarkeit in Verbindung gebracht werden als die Asen-Götter.

Schon bald kam es zum Kampf zwischen den beiden Göttergeschlechtern. Es war der erste Krieg, der auf Midgard ausgetragen wurde, und er endete mit einem Waffenstillstand. Njörd, Freyr und Freya wurden als Geiseln zu den Asen gesandt, während der weise Gott Mimir zu den Wanen kam.

WALHALLA UND DIE WALKÜREN

Mitten in Asgard errichteten die Götter eine gewaltige Halle, die sie auf den Namen Walhalla tauften. Hier versammelt sich die Hälfte der Helden, die im Kampf gefallen sind (die andere Hälfte gehört der Göttin Freya). Vor den Toren Walhallas stehen in einem Hain namens Glasur goldene Bäume, die ihre prächtig gefärbten rotgoldenen Blätter auf die Türschwelle ergießen. Auf der ganzen Erde gibt es keine Bäume, die schöner anzusehen sind als diese.

In Walhalla laben sich die Krieger an einem nie endenden Vorrat an Schweinefleisch und die Euter der Ziege Heidrun geben Met anstelle von Milch. Es ist wichtig, dass die Krieger gut zu essen bekommen, denn während Ragnarök werden sie für Odin ins Feld ziehen. Insofern sollte man auch nicht glauben, dass alle Krieger automatisch nach Walhalla gelangen – es handelt sich vielmehr um eine ausgewählte Gruppe, die von Odin handverlesen wird.

Der Historiker Saxo Grammaticus zitiert eine Rede des Kriegers Biarko:

> Edelgeborne erheben den Streit, nur erlauchte Geschlechter
> Treten zum Kampf; nichts gilt des gemeinen Haufens Bestreben,
> Wo mit dem Leben allein die Entscheidung erringen die Fürsten.
> […] Nicht ruhmloses Gevölk ohne Namen, nicht niedrige Seelen
> Rafft heut Pluto dahin, nein! Mächtige ruft er zum Tode.

Entsprechend behandeln die Geschichten der Wikinger-Mythologie auch nur Taten der Götter und Taten der Männer vornehmer Abstammung. Das gewöhnliche Volk tritt in diesen Geschichten kaum auf und wenn, dann bestenfalls in einer Nebenrolle.

Die Helden in Walhalla kämpfen jeden Tag miteinander, aber am Ende des Tages werden die Erschlagenen wieder zum Leben erweckt. Der Kreislauf aus Kampf, Tod und Wiedergeburt setzt sich also jahrein, jahraus fort, bis mit Ragnarök das Ende der Welt anbricht.

DIE WALKÜREN

Die Kriegshelden werden von Walküren nach Walhalla geleitet, Jungfrauen in glänzender Rüstung, die darüber entscheiden, wer eine Schlacht überlebt und wer stirbt. Eine der berühmtesten Walküren ist Brynhild. Die Walküren bedienen die Helden und bringen ihnen zu essen und zu trinken, wenn sie auf den Metbänken Walhallas hocken.

Gelehrte haben darauf hingewiesen, dass die Walküren in manchen Aspekten den Nornen ähneln, denn auch diese können das Schicksal der Menschen vorhersagen. Allerdings besitzen die Walküren diese Fähigkeit ausschließlich in Bezug auf Schlachten.

Möglicherweise spiegelt sich im Mythos der Walküren die Tatsache wider, dass Wikingerfrauen an manchen Orten mit in den Krieg zogen. Außerdem gab es Priesterinnen, die nach Konflikten Gottesdienste leiteten, bei denen

Kriegsgefangene geopfert wurden. In Kapitel 1 haben wir miterlebt, wie ein Sklavenmädchen geopfert wurde. Auch dort hieß es, dass bei der Zeremonie eine Frau den Vorsitz innehatte – eine »alte hunnische Frau, massiv und ein verbissener Anblick«.

ANDERE GESCHLECHTER UND VÖLKER VON MIDGARD

Nicht nur Götter, Riesen und Menschen leben in Midgard, diese Welt wird auch von Zwergen und Elfen bevölkert. Wir sprachen bereits darüber, dass die Söhne Börrs vier Zwerge damit beauftragten, den Himmel zu tragen. Zwerge leben unterirdisch und sind hervorragende Handwerker. Sie können fantastische Schätze erschaffen, tun sich aber schwer damit, diese mit anderen zu teilen. Sie sind grobschlächtig gebaut und hässlich anzusehen, vertragen enorme Mengen Met und bleiben grundsätzlich am liebsten untereinander. In manchen Versionen der Mythologie wachsen sie aus verrottenden Maden auf Ymirs Körper.

DER SKALDENMET

Zu den Zwergenschätzen gehörte auch ein magischer Met, den sie allerdings nicht selbst herstellten. Die Geschichte, wie sie in den Besitz dieses Trunks gelangten, unterstreicht, was für betrügerische und nicht vertrauenswürdige Kreaturen die Zwerge sind.

Die Geschichte geht wie folgt:

Nachdem die Asen und die Wanen ihren Krieg beigelegt hatten, spuckten die Götter in einen großen Kessel, um auf diese Weise ihren Waffenstillstand zu besiegeln und sich gegenseitig zu versprechen, dass den jeweiligen Geiseln nichts geschehen werde. Aus der Spucke erschufen sie einen Mann namens Kvasir. Er war der Weiseste der Wanen, reiste kreuz und quer durchs Land, beantwortete Fragen und schlichtete Streitigkeiten.

Dann jedoch besuchte er die Zwerge Fjalar und Galar, nicht ahnend, dass ihre Herzen durch und durch schwarz waren. Er erkannte nicht den Betrug in ihrem Blick und bemerkte nicht das Böse in ihrem Antlitz. Die beiden Zwerge töteten den weisen Kvasir und brauten aus seinem Blut einen wundersamen Met. Wer auch immer den Met trank, wurde zu einem Dichter und Gelehrten, war erfüllt von Kreativität.

DER BETRUG DER ZWERGE

Das war keineswegs das Ende, was die bösen Taten der Zwerge anging. Sie freundeten sich mit dem Riesen Gilling an und überzeugten ihn, mit ihrem Boot hinaus aufs Meer zu fahren. Nachdem sie so weit hinausgefahren waren, dass das Ufer nicht mehr zu sehen war, ließen sie das Boot kentern und warfen Gilling ins Wasser, wo er ertrank. Dann kehrten sie an Land zurück und erzählten Gillings Frau, dass ihr Mann bei einem Unfall ums Leben gekommen sei.

Die Zwerge wollten auch die Frau hinaus aufs Meer locken und ertränken, aber Galar ging das ständige Wehklagen der Frau irgendwann so sehr auf die Nerven, dass er ihr, als sie das Haus verließ, einen Mühlstein auf den Kopf fallen ließ und sie so tötete.

Doch damit waren die Zwerge zu weit gegangen. Gilling und seine Frau hatten einen Sohn, Suttung. Als der vom Tod seiner Eltern hörte, argwöhnte er, dass die beiden Zwerge daran schuld seien. Er packte die beiden am Schlafittchen und zerrte sie hinaus ins Meer. Weit vor der Küste lag ein Riff und als er das erreichte, setzte er die beiden Zwerge dort ab.

»Es ist zu weit, von hier aus an Land zu schwimmen«, knurrte er Fjalar und Galar an. »Irgendwann kommt die Flut zurück und dann wird dieses Riff überspült werden ...«

»Warte«, rief Galar. »Wir wollen dir ein Angebot machen!« Und er erzählte Suttung von dem magischen Met, den sie aus dem Blute Kvasirs zubereitet hatten. »Er gehört dir, wenn du uns von diesem Felsen holst und uns zurück an Land bringst.«

Suttung dachte eine Weile darüber nach, dann willigte er ein. Er trug die unglückseligen Zwerge zurück an Land und ihnen blieb nichts anderes übrig, als ihm den Kessel voller Met zu überlassen. Suttung nahm den Kessel mit nach Hause und beauftragte seine Tochter Gunnlöd damit, ihn zu bewachen.

ODINS DIEBSTAHL

Wäre es nach Suttung gegangen, hätte niemand von dem Met und dessen Kräften erfahren, aber dennoch breitete sich die Nachricht aus. Odin beschloss, dass er als wichtigster aller Götter diesen Met probieren müsse.

Er verkleidete sich als ein Mann namens Bölverk und reiste zu Suttungs Bruder Baugi. Baugi begrüßte seinen Gast und klagte ihm sein Leid, wie schwer die Zeiten doch seien. Er habe keine Arbeiter für seine Felder, denn all seine Sklaven hätten sich gegenseitig umgebracht. (Tatsächlich hatte der verkleidete Odin die Männer dazu angestachelt, einander zu erschlagen, um an Bölverks wundersamen Schleifstein zu gelangen.) Bölverk/Odin zeigte sich verständnisvoll: »Ich bin bereit, die Arbeit deiner neun Sklaven zu übernehmen«, sagte er. »Im Gegenzug verlange ich nur eines – gib mir von dem Met zu trinken, den dein Bruder so eifersüchtig hütet.« Baugi willigte ein und den Sommer über arbeitete Bölverk auf dem Hof von Baugi. Doch Suttung war nicht bereit, seinem Bruder oder dessen Arbeiter auch nur einen Tropfen seines Mets zu überlassen.

Weil Suttung dermaßen unnachgiebig blieb, schlug Bölverk/Odin Baugi etwas vor – er gab dem Riesen einen Bohrer. »Bohr mit diesem Bohrer ein Loch in den Berg, in dem Gunnlöd über den Met wacht«, sagte er.

Zunächst sperrte sich Baugi dagegen, seinen Bruder und seine Nichte zu hintergehen, aber dann bohrte er doch das Loch. Zu seiner Verblüffung verwandelte sich sein Landarbeiter daraufhin in eine Schlange, die in das Loch glitt und im Herz des Bergs verschwand. In seinem Schrecken schlug Baugi noch nach der Schlange, traf sie aber nicht.

Am anderen Ende des Lochs tauchte Odin wieder auf und nahm umgehend die Form eines attraktiven jungen Manns an. Er begrüßte die überraschte Gunnlöd, die zwar von der Schönheit ihres Besuchers beeindruckt war, aber auch noch die Worte ihres Vaters im Ohr hatte, unbedingt den kostbaren Inhalt des Kessels zu hüten. Aber Odin blieb beharrlich und arbeitete mit allen Mitteln, bis Gunnlöd schließlich nachgab. »Na gut«, rief sie. »Wenn Ihr eine Nacht bei mir liegt, werde ich Euch einmal von dem Met trinken lassen.«

Odin lächelte. »Ich werde drei Nächte lang bei euch liegen, schöne Maid, und dreimal von dem Met trinken«, bot er an. Das Mädchen willigte ein, denn was sollte es schon schaden? Der junge Mann würde nicht so viel von dem Met trinken können, dass man einen Unterschied bemerken würde.

Drei Nächte lang schliefen sie also miteinander und am vierten Tag erhob sich Odin und ging zu dem Kessel.

Sein erster Schluck leerte den Kessel um ein Drittel. Dann holte er tief Atem und trank erneut lang. Nun war der Kessel zu mehr als zwei Drittel geleert. Voller Schrecken realisierte das Mädchen, dass es hinters Licht geführt worden war, während Odin zum dritten Mal ansetzte und den Kessel vollends leerte.

Suttung sprang in die Höhle und erkannte auf den ersten Blick, was geschehen war. Er stürmte auf den jungen Mann zu, doch Odin legte die Arme an die Seiten und ihm wuchsen Federn. Er schlug mit den Flügeln und flog in Form eines Adlers zum Vordereingang der Höhle hinaus und davon.

So leicht gab Suttung jedoch nicht auf. Er verwandelte sich ebenfalls in einen Adler und jagte Odin hinterher. Sie schossen mit einer solchen Geschwindigkeit über das Land, dass sie den Menschen unten am Boden wie ein Luftzug erschienen. Aus der Ferne sahen die Asen in Asgard die beiden Adler heranrauschen. Rasch stellten sie Behältnisse bereit, in die Odin den magischen Met spuckte. Von da an waren Götter und Männer in der Dichtkunst und der Weisheit versiert, denn sie kosteten von dem magischen Met, den die Zwerge aus Kvasirs Blut produziert hatten.

DIE BEDEUTUNG DER GESCHICHTE

Diese Geschichte ist in mehrfacher Hinsicht bedeutsam. Zum einen belegt sie, wie bereits erwähnt, wie verräterisch und böse die Zwerge in den Mythen der Wikinger präsentiert werden. Gleichzeitig zeigt sie, dass die Zwerge hervorragende Handwerker und Künstler sind. Nicht umsonst heißt im Germanischen ein Dichter *scop* (»schopp« ausgesprochen), ein Begriff, der mit dem englischen »shape« (formen, prägen) verwandt ist. Ein Dichter ist jemand, der eine Sprache prägt und formt – ganz genauso, wie es ein Schmied mit Eisen, Bronze oder Gold macht.

Ebenfalls bedeutsam an der Geschichte ist, dass sie zeigt, wie fasziniert die nordischen Mythen vom Konzept des Gestaltwandlers sind. Wieder und wieder kommt dieses Thema vor, insbesondere in Geschichten um den listenreichen Loki, der bei vielen seiner Taten mit Täuschung arbeitet. Aber wie wir sehen, ist selbst der oberste Gott Odin sich dafür nicht zu schade.

Warum dieses Thema so häufig in den nordeuropäischen Mythen aufgegriffen wird, weiß man nicht. Vielleicht hat es mit dem Tanz des Sonnenlichts auf dem Wasser zu tun, was zu wundersamsten verzerrten Formen und Bildern führt. Die Wikinger waren Menschen, die sehr viel Zeit auf dem Meer verbrachten. Sie wussten sehr gut, dass die Dinge nicht immer so sind, wie sie erscheinen.

Ein drittes wichtiges Element in dieser Geschichte: Ein Mann schläft mit einer Frau (oder eine Frau mit einem Mann), um sich dadurch eine Belohnung zu verdienen. Wir werden in der Geschichte von Freya und Brisingamen noch einmal auf diesen Punkt zurückkommen.

ELFEN

Die Elfen der nordischen Mythen sind bei weitem nicht so unangenehme Zeitgenossen wie die Zwerge, aber sie spielen in dieser Welt auch nur eine Nebenrolle. Kaum jemand bekommt sie zu sehen, obwohl wunderschöne Elfen-Jungfrauen gelegentlich versuchen, Menschenmänner zu verführen. Es war in den Haushalten üblich, beim Einsetzen der Winterzeit den Elfen ein Opfer zu bringen.

Es gibt zwei Arten von Elfen: Lichtelfen und Dunkelelfen. Die Lichtelfen (auch: Lichtalben) sind schön und attraktiv wie die Götter. Die Dunkelelfen (oder Dunkelalben) dagegen sind hässliche Wesen mit einem pechschwarzen Herzen. In einigen Variationen der Mythen sind die Dunkelelfen nicht von den Zwergen zu unterscheiden. Die Dunkelelfen leben größtenteils unterirdisch, während die Lichtelfen an der Oberfläche Midgards oder zumindest nahe der Oberfläche leben.

DIE DUNKELELFEN
VON DUNGEONS & DRAGONS

Freunden des Rollenspiels *Dungeons & Dragons* und insbesondere den Lesern der Romane von R. A. Salvatore werden die Eigenschaften der nordischen Dunkelelfen sehr vertraut vorkommen. Salvatores mörderische Dunkelelfen leben in Menzoberranzan, einer gewaltigen unterirdischen Stadt. Von dort aus spinnen sie Intrigen, bei denen selbst die Borgias noch respektvoll den Hut ziehen würden.

Einige Fachleute sehen einen Zusammenhang zwischen den Geschichten über helle, gute Elfen und boshafte, unterirdische Elfen mit den Erzählungen von Feen und Kobolden.

DER KOSMOS DER WIKINGER

Wie bei jeder Mythologie findet man auch bei den Wikingern zahlreiche unterschiedliche Darstellungen des Kosmos. Das ist letztlich auch selbstverständlich, denn bis zum 12. Jahrhundert war der Großteil der Mythen nicht schriftlich festgehalten oder auf andere Weise systematisiert worden. (»Dogmatisierte Mythologie« ist ein anderer Begriff für Religion.) Selbst Snorri Sturluson stellte in seiner *Prosa-Edda* mehrere miteinander konkurrierende Ideen vor.

Dennoch haben wir einen vergleichsweise klaren Eindruck davon, wie die mythische Welt der Wikinger ausgesehen hat: Es gibt neun Welten, die in drei Schichten angeordnet sind. In der ersten Schicht liegen drei Welten, in der zweiten vier und in der letzten zwei.

Ganz oben steht die Welt Asgard, die Heimat der Asen, ein Land, das von einer großen Mauer umgeben ist. Das umschlossene Land ist reich und fruchtbar, aber das muss es auch sein, schließlich soll sie ein Göttergeschlecht versorgen.

Als die Götter mit dem Bau von Asgard begannen, kam ein Riese des Wegs, ein hervorragender Handwerker. Er bot den Göttern an, ihnen beim Bau der Mauer zu helfen.

»Wie hoch ist dein Preis?«, fragte Odin den Riesen.

»Wenn ich meine Arbeit innerhalb eines Winters erledige, gebt Ihr mir die schöne Freya zur Frau«, erwiderte der Riese. »Außerdem gebt Ihr mir die Sonne und den Mond, auf dass sie mir ewig gehören.«

Die Götter lachten. Eine derartige Mauer innerhalb eines einzigen Winters zu errichten, das erschien ihnen komplett unmöglich. Deshalb stimmte Odin dem Vorschlag des Riesen auch rasch zu, warnte diesen aber: »Aber wisse: Gelingt dir das Vorhaben nicht, ist dein Leben verwirkt.«

»Abgemacht«, rief der Riese, dann steckte er sich zwei Finger in den Mund und gab einen langen Pfiff ab. Daraufhin trabte ein gewaltiges Pferd heran.

»Was ist das?«, wollte Odin wissen.

»Das ist mein Pferd Svadilfari. Es wird mir beim Bau der Mauer helfen.«

Die Götter beobachteten, wie sich der Riese an die Arbeit machte. Sie erkannten, dass der Hengst Svadilfari über gewaltige Kräfte und eine beeindruckende Statur verfügte. Den ganzen Tag und die ganze Nacht lang half er dem Riesen, gewaltige Steinblöcke zu schleppen, tatsächlich schaffte er sogar doppelt so viel wie sein Herr. Wenige Tage vor Beginn des Frühlings war die Mauer nahezu fertiggestellt. Die Götter waren entsetzt, denn es sah aus, als würden sie sich an ihren Teil der Abmachung halten müssen. Freya weinte bitterlich und schimpfte über Odin, wie dieser sie einem Riesen habe versprechen können.

Dann schaute Loki die Götter an und lächelte: »Ich habe einen Plan«, erklärte er und verwandelte sich in das Abbild einer Stute. Dann suchte er die Stelle auf, an der Svadilfari arbeitete. Loki wieherte laut und anhaltend und Lust regte sich in Svadilfaris Lenden. Der Hengst unterbrach seine Arbeit und trabte hinüber zu der Stute. Loki, dieser Meister der Tarnung, wandte sich um und galoppierte davon – gefolgt vom Hengst. Der Riese fluchte vor Enttäuschung, aber es half nichts – er wurde mit seiner Arbeit tatsächlich nicht rechtzeitig fertig. Mit einem einzigen Schlag seines Hammers Mjölnir erschlug Thor den Riesen. In dieser Erzählung holt Svadilfari übrigens die Stute ein und schwängert sie. Die Stute/Loki bringt daraufhin Sleipnir zur Welt, das achtbeinige Pferd Odins.

ALFHEIM UND WANENHEIM

Wie bereits erwähnt: Auf dieser Ebene liegt auch Walhalla, wo tote Helden hinkommen, um Ragnarök, das Ende der Welt, zu erwarten. In Walhalla verbringen die Helden ihre Zeit damit, viel zu trinken (keine echte Überraschung) und miteinander zu kämpfen, wobei die Gefallenen am Ende eines jeden Tages wiederbelebt werden, um die Kämpfe fortsetzen zu können. Vielen von uns mag das als Vorstellung von einem Leben nach dem Tod nicht sonderlich reizvoll erscheinen, aber aus Sicht der Wikinger ergibt es absolut Sinn, denn deren Leben war stark geprägt von Schlachten, Überfällen und Siegesfeiern.

Jeden Tag versammeln sich die Götter am Brunnen der Urd. Dort, im Schatten des Weltenbaums Yggdrasil, der sich durch alle neun Welten erstreckt, sprechen sie Recht.

Ebenfalls auf dieser Ebene liegen Wanenheim, die Heimat der Wanen, und Alfheim, die Heimat der Lichtelfen.

Wir hatten vorhin bereits darüber gesprochen, dass am Ende des Kriegs zwischen Wanen und Asen Geiseln ausgetauscht wurden: Njörd und seine Kinder Freyr und Freya kamen als Geiseln zu den Asen, während Mimir, der als der Klügste der Asen galt, Geisel der Wanen wurde.

Es dauerte nicht lange und die Wanen begannen sich zu beschweren, dass sie bei dieser Abmachung über den Tisch gezogen worden seien. Aufgebracht zückten sie ihre Schwerter und Äxte und schlugen Mimir den Kopf ab. Um ihrer Gehässigkeit die Krone aufzusetzen, schickten sie den Kopf an die Asen zurück – aber auch hier zogen die Wanen den Kürzeren. Odin nahm den Kopf, salbte ihn mit Kräutern und Ölen und verlieh ihm die Macht zu reden. So hatte künftig Odin Mimir immer als weisen Ratgeber an seiner Seite.

UROBOROS

Eine Schlange, die sich selbst in den Schwanz beißt, ist ein uraltes mythisches Symbol und kommt so häufig vor, dass es dafür einen eigenen Namen gibt – Uroboros. Dieses Motiv findet sich in so unterschiedlichen Mythologien wie der ägyptischen, der indischen und der chinesischen.

MIDGARD, NIDAWELLIR, SCHWARZALBENHEIM, JÖTUNHEIM

In der zweiten Ebene des Kosmos liegt Midgard, das auch als Mittelerde bekannt ist. Midgard ist von einem Meer umgeben, das laut Snorri so gewaltig ist, »dass es den meisten Männern unmöglich erscheinen würde, es zu überqueren«. In diesem Meer lebt die Midgardschlange, die so groß ist, dass sie Mittelerde einmal ganz einkreist und sich dann in den eigenen Schwanz beißt.

Außerhalb der Mauer, die Midgard umgibt, liegt Nidawellir, auch das »dunkle Heim« genannt. Ein anderer Name dafür ist Svartalfheim, Schwarzalbenheim. In anderen Versionen wiederum ist Schwarzalbenheim ein eigenständiger Ort unterhalb von Nidawellir. In jedem Fall ist es die Heimat der Dunkelelfen. Auch die Zwerge leben an diesem Ort. Der Autor Kevin Crossley-Holland schreibt: »Zwischen den Zwergen und den Dunkelelfen lässt sich keine eindeutige Trennlinie ziehen. Sie schienen austauschbar gewesen zu sein.« Andere Experten teilen diese Meinung nicht.

Zu guter Letzt finden wir auf dieser Ebene auch Jötunheim, das Reich der Riesen. Es wird dominiert von der gewaltigen Festung Utgard. Hier haben Loki und Thor eine amüsante, aber auch peinliche Begegnung (siehe Kapitel 8). Utgard bedeutet so viel wie »Außenwelt«, insofern ist es nicht klar, ob die Festung am abgelegenen Ende des unüberwindbaren Weltenmeers liegt. Das Abenteuer von Thor und Loki spricht allerdings gegen diese Theorie.

Jötunheim ist in diverse Unterabschnitte oder Territorien unterteilt, dazu zählt Thrymheim, die Heimat des Riesen Thiazi. Er zwingt Loki, ihm dabei zu helfen, Idun und ihre magischen Äpfel in seine Gewalt zu bringen (siehe Kapitel 10).

NIFLHEIM UND HEL

Niflheim ist die Welt der Toten und liegt der Beschreibung zufolge neun Tagesritte von Midgard entfernt. Auch Hel ist ein Ort der Toten und manchmal ist nicht ganz klar, worin der Unterschied zwischen den beiden Welten besteht. Snorri beschreibt Hel als trübsinnigen Ort mit mächtigen Mauern und einem großen Tor, über dem ein schwarz-weißes Monster haust, dessen Name ebenfalls Hel ist. Dank Snorri ist auch die Geschichte von einem der Asen erhalten geblieben, der nach Hel reist, um einen beliebten Gott von dort zurückzuholen.

Die ganze Weltenstruktur wird zusammengehalten durch den Weltenbaum Yggdrasil, dessen Wurzeln sich durch alle drei Ebenen erstrecken. Im folgenden Kapitel werden wir uns ausführlicher mit diesem Baum befassen. Für den Augenblick sei nur erwähnt, dass Yggdrasil sowohl die Welten des Wikinger-Kosmos ernährt, gleichzeitig aber unter ständigen Angriffen von Wesen aus diesen Welten leidet.

Das also ist der Hintergrund, vor dem die Wikingergeschichten von kühnen Unternehmungen, von Magie, Betrug, Tod und Wiedergeburt stattfinden.

KAPITEL SECHS

Der Weltenbaum Yggdrasil

Der Stamm und die Äste eines gewaltigen Baums verlaufen durch alle neun Welten und verbinden sie miteinander – der Weltenbaum Yggdrasil. In der *Prosa-Edda* beschreibt Snorri den Baum als zentralen, heiligen Ort der Götter. Yggdrasil ist eine Esche, der »größte und beste aller Bäume«, um Snorri noch einmal zu bemühen. Der Baum besitzt drei Wurzeln:

- Eine reicht zum Brunnen der Urd.
- Eine zweite verläuft dort, wo früher Ginnungagap war, bei den Eisriesen.
- Eine dritte reicht bis Niflheim.

DER BRUNNEN DER URD

Durch diesen Brunnen verläuft eine der drei Wurzeln Ygg-drasils. Er reicht bis in den Himmel, wo es viele Orte von großer Schönheit gibt. Unter der Wurzel des Weltenbaums steht eine große Halle, in der drei schön anzusehende Jungfrauen wohnen: Urd (»Schicksal«), Verdandi (»das Werdende«) und Skuld (»Schuld«). Die drei werden auch als Nornen bezeichnet, als Schicksalsfrauen, denn sie entscheiden über das Schicksal jedes Menschen.

SCHICKSALSGÖTTINNEN

Das Bild von drei Frauen, die über das Schicksal jedes Mannes und jeder Frau bestimmen, findet sich auch in der klassischen Mythologie. Bei den alten Griechen haben wir Klotho die Spinnerin, Lachesis die Zuteilerin und Atropos die Unabwendbare. Klotho spinnt den Lebensfaden eines jeden Menschen, Lachesis teilt die Länge zu und Atropos bestimmt, wo der Faden abgetrennt werden soll. Auf diese Weise wird jedem Menschen die Art und Weise seines Tods zugeteilt.

Außer Urd, Verdandi und Skuld gibt es noch weitere Nornen. Einige von ihnen stammen von den Elfen ab, andere von den Zwergen. In der *Prosa-Edda* wird geschildert, wie Gangleri davon erfährt. Er sagt: »Wenn die Nornen über das Geschick der Menschen walten, so teilen sie ihnen schrecklich ungleich aus. Die Einen leben in Macht und Überfluss, die Andern haben wenig Glück noch Ruhm; die

Einen leben lange, die Andern kurze Zeit.« Darauf antwortet Hor: »Die guten Nornen und die von guter Herkunft sind, schaffen Glück, und geraten einige Menschen in Unglück, so sind die bösen Nornen Schuld.«

Der Brunnen der Urd dient darüber hinaus den Göttern als Richtplatz. Jeden Tag reiten sie zu Pferde über die Brücke Bifröst, die auch Asbru oder Brücke der Asen heißt, und wie ein Regenbogen geformt ist. Hor erklärt Gylfi/Gangleri in der *Prosa-Edda*, dass das Rot des Regenbogens die Flammen sind, die die Brücke vor den Riesen schützen.

Odins achtbeiniges Pferd trägt den Namen Sleipnir. Andere bekannte Rösser der Götter sind

- Glad
- Gyllir
- Gler
- Skeidbrimir
- Silfrintopp

- Sinir
- Gils
- Falhofnir
- Gulltopp
- Lettfeti

Alle Asen reiten zu Pferde zum Urdbrunnen. Die einzige Ausnahme ist Thor – er watet durch den Fluss, um zum Brunnen zu gelangen.

HWERGELMIR

Die Wurzel von Yggdrasil, die nach Niflheim reicht, endet in Hwergelmir, was im Altnordischen »brausender Kessel«

bedeutet. In *Grimnismal*, einem der Gedichte der *Lieder-Edda*, wird Hwergelmir als Quelle allen Wassers in den neun Welten bezeichnet und als der Ort, wo Flüssigkeit vom Geweih des Hirschen Eikthyrnir herabtropft, der auf Walhalla lebt:

> Eikthyrnir heißt der Hirsch vor Heervaters Saal,
> Der an Lärads Laube zehrt.
> Von seinem Horngeweih tropft es nach Hwergelmir:
> Davon stammen alle Ströme.

Aus diesem Grund hat alles Wasser in den neun Welten seinen Ursprung in den dunklen Tiefen Niflheims.

DIE BEWOHNER DES BAUMS

Der Weltenbaum ist keine passive Struktur, die einfach nur die neun Welten stützt. Er ist vielmehr ihr Rückgrat und wird von diversen Kreaturen heimgesucht, die ihn annagen oder auf ihm reisen.

NIDHÖGGR

An allererster Stelle ist hier Nidhöggr zu nennen, ein Drache, der tief unten in Niflheim an der Wurzel des Weltenbaums nagt. Nidhöggr nagt auch an den Seelen der Menschen, die nach Naströnd geschickt wurden. An diesen in Hel gelegenen Ort werden die Mörder, Ehebrecher und Eidbrecher auf ewig verbannt. In Naströnd quält nicht nur Nidhöggr die Übeltäter, auch Schlangen und der Fenriswolf setzen ihnen zu.

DER NAME YGGDRASIL

Unter Gelehrten wird heftig diskutiert, was der Name des Weltenbaums bedeutet. Zwar ist man sich einig, dass es auf Altnordisch so viel wie »Odins Galgen« bedeutet, aber es ist nicht klar, warum er diesen Namen trägt. Möglicherweise besteht ein Zusammenhang mit dem Mythos, demzufolge Odin neun Tage und Nächte lang an dem Baum hing, um hinter das Geheimnis der Runenschrift zu kommen (siehe Kapitel 7).

DIE HIRSCHE

Während Nidhöggr in Niflheim die Wurzel des Weltenbaums angreift, findet man im Geäst vier Hirsche, die die Blätter vom Baum grasen. Ihre Namen sind Dain, Dwalin, Duneyr und Durathror. Im Gedicht *Grimnismal* aus der *Lieder-Edda* wird beschrieben, welche Schmerzen der Baum aushalten muss:

> Die Esche Yggdrasils duldet Unbill
> Mehr als Menschen wissen.
> Der Hirsch weidet oben, hohl wird die Seite,
> Unten nagt Nidhöggr.

RATATÖSKR

Ganz oben auf dem Weltenbaum lebt der Adler Vedrfölnir und zwischen seinen Augen sitzt ein Falke. Den ganzen Tag lang und die ganze Nacht durch rennt das Eichhörnchen Ratatöskr zwischen dem Adler und Nidhöggr hin und her und übermittelt Botschaften des Adlers, die die Wut des

Drachens anfachen sollen. Einige Fachleute interpretieren Andeutungen in der *Lieder-Edda* dahingehend, dass auch das Eichhörnchen Yggdrasil annagt.

Aber der Baum erfährt nicht nur Leid. Die drei Nornen bespritzen die Wurzel mit Wasser, sodass der Baum niemals verwelken und absterben wird. Bei Snorri heißt es:

> Dies Wasser ist so heilig, dass alles, was in den Brunnen kommt, so weiß wird wie die Haut, die inwendig in der Eierschale liegt…
>
> Den Tau, der von ihr auf die Erde fällt, nennt man Honigtau: Davon ernähren sich die Bienen. Auch nähren sich zwei Vögel in Urds Brunnen, die heißen Schwäne und von ihnen kommt das Vogelgeschlecht dieses Namens.

SWIPDAGR UND MENGLADA

Der Weltenbaum spielt auch eine Rolle in einer romantischen Erzählung über zwei junge Menschen, die füreinander bestimmt sind, aber durch eine unüberwindbare Meeresbucht getrennt nicht zueinander finden. Und das kam so:

Swipdagr war der Sohn Groas, einer Seherin aus dem dunklen Niflheim. Sein Vater aber hatte eine boshafte Frau geheiratet, die ihren Stiefsohn quälte und ihm erklärte, es gebe für ihn auf dieser Welt nur eine einzige Frau, die er zum Weibe nehmen könne – Menglada. Genauso gut hätte sie ihm eröffnen können, dass er überhaupt nicht heiraten kann, denn es war allgemein bekannt, dass Menglada weit entfernt in einer Festung lebte, die von zahlreichen magischen Untieren bewacht wurde.

Verzweifelt wandte er sich an seine Mutter und bat sie um Rat und Unterstützung. Er kämpfte sich tapfer durch die Dunkelheit, den Dampf und den Qualm von Niflheim und suchte Groa auf. Als sie sich schließlich zeigte, klagte er ihr sein Leid.

Groa erklärte Swipdagr, dass sie neun Sprüche für ihn sprechen werde:

> Nun fahre getrost der Gefahr entgegen,
> Dich mag kein Hindernis hemmen.
> Ich stand auf dem Stein an der Schwelle des Grabs
> Und ließ mein Lied dir erklingen.

Und so machte sich Swipdagr auf den Weg. Er durchquerte alle neun Welten auf der Suche nach Menglada. Schließlich traf er in Jötunheim, dem Land der Riesen, auf eine gewaltige Festung, die von Flammen umgeben war. Vor dem Tor stand ein Riese.

»Wer bist du?«, fragte Swipdagr.

»Wer bist du?«, fauchte der Riese zurück und packte seinen Knüppel.

»Nur ein Reisender«, erwiderte Swipdagr vorsichtig. »Und wie ist dein Name?«

»Fjölswidr. Am besten gehst du den Weg zurück, den du gekommen bist. Hier gibt es für dich nichts zu holen. Was sagtest du noch, wie dein Name lautet?«

»Windkaldr, Sohn des Warkaldr, Sohn des Fjölkadr. Wer ist der Herr dieser großen Halle?«

»Kein Herr, sondern eine Herrin, Menglada von den vielen Halsketten.«

Jetzt begann Swipdagr Fjölswidr, über die Verteidigungsmaßnahmen der Halle auszuhorchen. »Sag mir, was ist das für ein Tor?«

Der Riese erwiderte: »Thrymgialla (Donnerschall) heißt es, das haben drei Söhne Solblindis gemacht. Die Fessel fasst jeden Fahrenden, der es hinweg will heben.«

»Und wie heißt diese Festung, die so gewaltig ist, dass sie die Halle der Götter in den Schatten stellt?«

»Sie heißt Gastropnir, was ›Zermalmt Gäste‹ bedeutet. Ich habe sie aus dem Lehm des Riesen Leirbirmir erbaut und sie wird stehen, solange die Welt Bestand hat.«

»Und dieser gewaltige Baum, dessen Äste sich über den Himmel erstrecken?«

»Das ist Yggdrasil, der Weltenbaum. Seine Wurzeln reichen bis hinab nach Asgard und Niflheim, aber kein Mensch hat je all seine Wurzeln gesehen. Weder Axt noch Feuer wird ihn fällen.«

Und schließlich fragte Swipdagr: »Sage mir, Fjölswidr, wer ist der Mann, der hoffen kann, die schöne Menglada zu gewinnen?«

»Nur ein Mann«, erwiderte der Riese. »Swipdagr, denn er und nur er allein wurde als ihr Ehemann auserkoren.«

»Freue dich«, rief da Swipdagr. »Denn ich bin es höchstselbst. Bring Menglada die Kunde, auf dass sie ihre Abwehr abzieht und ihre wahre Liebe begrüßt.«

Der Riese ging seine Herrin aufsuchen. »Herrin Meng-lada«, sagte er. »Ihr kommt besser zum Tor. Da ist ein Mann, der behauptet, er sei Euer Auserwählter. Die Hunde knien vor ihm und das Tor hat sich für ihn geöffnet.«

Menglada war von Argwohn erfüllt: »Wenn du mir nicht die Wahrheit sagst, werden dich endlose Qualen heimsuchen«, sagte sie Fjölswidr, dann ließ sie sich von ih-ren Damen ankleiden und ging zum Tor der Festung.

»Wer seid Ihr?«, fragte sie den Besucher. »Wie nennen Euch Eure Anverwandten? Soll ich Eure Braut werden, muss ich gewiss sein, dass Ihr der rechte Mann seid, der eine, den das Schicksal für mich auserkoren hat.«

»Mein Name lautet Swipdagr, Sohn des Solbiart. Ich durch-querte die Welt für dich und nun habe ich dich gefunden.«

Menglada öffnete die Arme und rief: »Swipdagr! Mein Geliebter! Wie lange habe ich auf dich gewartet.«

Und als sie sich umarmten, sagte sie: »So sehr habe ich diesen Tag herbeigesehnt.«

»Meine Geliebte«, erwiderte er. »Auch ich habe mich nach dir gesehnt. Von nun an werden wir uns nie wieder trennen.«

GROGALDR UND FJÖLSVINNSMAL

Die Geschichte von Swipdagr und Menglada wird in zwei Gedichten der *Lieder-Edda* erzählt, in *Grogaldr* und in *Fjölsvinnsmal*. Das erste Gedicht berichtet davon, wie Swipdagr seine Mutter aufsucht und beschwört und wie sie ihn mit neun Schutzzaubern belegt. Im zweiten Gedicht geht es darum, wie Swipdagr den Riesen Fjölswidr aushorcht. Die Zahl neun spielte in der Mythologie der Wikinger eine wichtige Rolle und taucht an diversen Stellen immer wieder auf (zum Beispiel bei den neun Welten im Kosmos der Wikinger).

Vermutlich um das 17. Jahrhundert herum wurden die beiden Gedichte zu einem verschmolzen, dem *Svipdagsmal*. Es hat etwas von der Artus-Sage – ein Held macht sich auf eine lange Reise und auf dem Weg zu seinem Ziel muss er Hindernisse überwinden. Am Ende jedoch triumphiert die wahre Liebe.

KAPITEL SIEBEN

Die Gottheiten des Nordens

Ähnlich wie die Götter und Göttinnen der Griechen und Römer legten auch die Gottheiten Nordeuropas oftmals eine allzu menschliche Seite an den Tag. Sie führten sich eifersüchtig, rachsüchtig und streitlustig auf und waren gelegentlich weniger mächtig als die Personen, die ihnen begegneten. Sie wurden sehr stark mit Naturgewalten in Verbindung gebracht, deshalb baten die Wikinger sie um Schutz vor diesen Kräften.

ODIN DER EINÄUGIGE

Anführer der Götter war Odin. Unser Wissen über ihn und die anderen Gottheiten der Wikinger verdanken wir vor allem der *Prosa-Edda* von Snorri Sturlusson. Als sich Gylfi verkleidet nach Asgard schleicht und dort die drei Männer auf ihren Thronen befragt, will er auch wissen: »Wer ist der höchste oder älteste der Götter?«

Die drei erwidern, dass dies der Allvater sei, der über viele andere Namen verfüge. Unter anderem heiße er Biflindi (»der mit dem bemalten Schild«), Oski (»der Wunscherfüller«) und auch Widrir (»der Herrscher über das Wetter«).

Bei allen diesen handele es sich um Odin, erklären die drei mysteriösen Gestalten Gylfi/Gangleri und erzählen dann, wie Odin zum Entstehen der Welt beigetragen hat.

ALLVATER ODIN

Laut den dreien heißt Odin auch Allvater, da er der Hauptgott ist. Manchmal heißt er auch »Vater der Erschlagenen«, denn alle, die im Kampf gefallen sind, adoptiert er als Söhne. Mit diesen gefallenen Helden sitzt er in Walhalla und in Wingolf, einer weiteren Halle. Man nennt ihn auch den Gott der Gehenkten, den Gott der Gefangenen und den Gott der Lasten.

Mit Gungnir besitzt er einen magischen Speer, der sein Ziel niemals verfehlt (siehe Kapitel 8). Sein achtbeiniges Ross Sleipnir ist schneller als jedes andere Pferd auf der Welt. Auf seinen Schultern sitzen die Raben Hugin (»Gedanke«) und Munin (»Gedächtnis«). Jeden Tag fliegen sie in die Welt hinaus, beobachten alles, was geschieht, und berichten dann ihrem Herrn. Odin sagt über sie: »Ich habe Angst davor, sie zu verlieren. Vor allem aber habe ich Angst, Munin zu verlieren.«

Odin selbst verbringt viel Zeit damit, auf dem hohen Felsen Hlidskialf zu sitzen. Von dort aus hat er alle neun Welten im Blick und kann beobachten, was vor sich geht. Manchmal setzt er sich aber auch einen Hut mit breiter Krempe auf und macht sich einen Spaß daraus, als alter Mann verkleidet durch Midgard zu wandern.

Odin ist einäugig. Das andere Auge hat er geopfert, um im Gegenzug aus der Quelle der Weisheit trinken zu können. Um an den Skaldenmet zu gelangen, verkleidete er sich als Schlange und schlängelte sich auf diese Weise mitten in das Herz eines Bergs. Und um das Geheimnis der Runen zu erfahren, hing er neun Tage und neun Nächte vom Weltenbaum Yggdrasil.

DAS GEHEIMNIS DER RUNEN

Die Wikinger nutzten die Runen als magische Schrift. Da sie aus geraden Linien bestanden, ließen sich die Runen einfach in Steine, Knochen oder ähnliches ritzen.

Angeblich hat Odin den Menschen die Runenschrift gebracht. Um sie zu lernen, musste er allerdings einiges auf sich nehmen. Was genau, wird in dem Gedicht *Havamal* beschrieben. Zunächst brachte er sich mit einem Speer eine Wunde an der Seite bei, dann hängte er sich für neun Tage und Nächte an Yggdrasil.

Im Gedicht heißt es:

Ich weiß, dass ich hing am windigen Baum
Neun lange Nächte,
Vom Speer verwundet, dem Odin geweiht,
Mir selber ich selbst,
Am Ast des Baums, dem man nicht ansehen kann,
Aus welcher Wurzel er spross.
Sie boten mir nicht Brot noch Met;
Da neigt' ich mich nieder
Auf Runen sinnend, lernte sie seufzend:
Endlich fiel ich zur Erde.

Das ist die einzige Information, die wir zu diesem Vorfall haben, insofern ist es schwer, sich überhaupt ein Bild davon zu machen, was genau geschehen ist. Es könnte sein, dass Odin so lange über Hel hing, wo das Geheimnis der Runen verwahrt wurde, bis er es schließlich begriff. Gleichzeitig jedoch wird ein Opfer an sich selbst angedeutet. Er leidet so, wie es ein Kriegsgefangener möglicherweise täte. Der Chronist Adam von Bremen schreibt, dass die Wikinger bis in das 11. Jahrhundert hinein Kriegsgefangene opferten. Und wie wurden diese Opfer zumeist vollzogen? Genau, durch Hängen.

Das Wort »Rune« stammt vom dänischen *run*, was »Zauberzeichen, Schriftzeichen« bedeutet. Runen hatten also etwas mit geheimnisvollen – sprich, magischem – Wissen zu tun. Der Historiker Tony Allan schreibt in seinem Buch über die Wikinger: »Vermutlich haben Runen eine zentrale Rolle bei den rituellen Opfern der Wikingerzeit gespielt, denn sie mussten mit Blut gerötet werden, um wirksam zu sein. Außerdem wurden sie genutzt, um Wahrsagerei zu betreiben.«

HELDENHAFTES OPFER

Dass ein Held am Baum baumelt, um wertvolles Wissen zu erlangen oder sich selbst zu opfern, ist ein häufiges Bild in der nordischen Mythologie und hielt sich bis in die Christenzeit hinein. Das angelsächsische Gedicht *The Dream of the Rood* erzählt die Geschichte der Kreuzigung aus der Sicht des Kreuzes, das als Parallele zu Yggdrasil gesehen werden kann. Das Kreuz sieht Jesus kommen:

> Da sah ich den Herrn der Menschen mit großer Macht nahen, [sah], dass er mich besteigen wollte.
> Er zog sich aus, der junge Held (das war der allmächtige Gott), stark und entschlossen. Er stieg hoch hinauf auf den Galgen, mutig in der Sicht vieler, da er die Menschheit erlösen wollte.

Ein ganz anderes Bild, als wir es normalerweise von der Kreuzigung haben, aber viel passender für eine Kriegergesellschaft.

Runen wurden teilweise auf Gegenständen angebracht, um ihnen besondere Bedeutung zu verleihen. Ein Walknochen mit einer Runeninschrift beispielsweise konnte dazu genutzt werden, bei einer Geburt oder vor einer Schlacht die Götter zu beschwören. In der *Saga von Egil Skalla-Grimson* findet der Held ein junges Mädchen, das krank geworden ist. Bei ihr im Bett sieht Egil einen Knochen mit Runen darauf. Daraufhin sagt er:

»Niemand sollte Runen ritzen, sofern er sie nicht gut lesen kann. Viele Männer kommen bei diesen dunklen Lettern vom rechten Weg ab.«

Auf dem Walknochen sah Egil zehn geheime Buchstaben hineingeritzt. Er ersetzte sie durch neue Runen und brachte diese unter dem Mädchen an, das sich schlagartig besser fühlte.

ODIN UND BILLINGS TOCHTER

Odin ist mit Frigg verheiratet, aber wie man es von vielen Göttern aus vielen Kulturkreisen kennt, steht auch diese Ehe auf einem sehr wackligen Fundament. Odin ist ein Schürzenjäger, allerdings musste er einmal auf sehr schmerzhafte Art und Weise lernen, dass es nicht klug ist, einer schönen Frau zu vertrauen.

Als er die neun Welten betrachtete, erspähte Odin in Midgard die schlafende Tochter von Billing. Später erklärte er, sie sei die schönste Frau gewesen, die er je gesehen habe. Er war überzeugt, die Welt werde sich in eine Wüste verwandeln und verdorren, könne er nicht mit dieser Frau schlafen. Doch als er sich ihr näherte, reagierte sie zurückhaltend.

»Nicht vor Einbruch der Dunkelheit«, erklärte sie dem Allvater. »Niemand darf dahinterkommen, dass wir Liebende sind.«

Obwohl es ihm schwerfiel, seine Lust zu zügeln, stimmte Odin zu und erklärte sich bereit zu warten. Zäh verstrich die Zeit, Minuten zogen sich wie Stunden dahin und die Stunden schienen wie Tage. Doch als er um Mitternacht zu ihrer Kammer kam, stimmte etwas nicht: Alle Krieger waren wach und die Halle wurde von Fackeln beleuchtet.

Der Göttervater zog sich zurück. Als der Tag anbrach, kehrte er zurück und fand die Krieger schlafend auf ihren Bänken vor. Von der holden Maid allerdings war nichts zu sehen. Und um das Ganze zu krönen, hatte sie als Zeichen ihrer Verachtung für Odin eine Hündin an ihr Bett gekettet.

Die Lehre, die Odin daraus zog und fortan immer wieder erzählte: Man darf keiner Frau trauen, bis sie nicht auf die Probe gestellt wurde.

LOKI

Beim Studium der Quellen ergibt sich kein schlüssiges Bild, was Loki angeht. In einigen Quellen ist er ein Gott, in anderen ein Sterblicher, der den Großteil seiner Zeit mit den Göttern verbringt. Snorri schreibt (beziehungsweise Hor erzählt Gangleri), dass Loki über viele Namen verfüge, etwa »Verleumder der Götter«, »Quelle des Betrugs« oder »Schande aller Götter und Menschen«. Laut *Prosa-Edda* ist Loki der Sohn des Eisriesen Farbauti, seine Mutter ist Nal oder Laufey. Mit Angrboda (»Kummerbereitende«)

zeugt Loki drei Kinder: den Fenriswolf, Jörmungandr (die Midgardschlange) und Hel.

FENRISWOLF

Das älteste der drei Kinder ist der Fenriswolf, der manchmal auch nur Fenris oder Hrodvitnir genannt wird. Als Odin von den Kindern erfuhr, die Loki und Angrboda gezeugt hatten, wurde ihm klar, dass sie großes Leid über Midgard bringen könnten. Und er wusste, dass er selbst in Gefahr war, denn eine Prophezeiung besagt, dass an Ragnarök, dem Ende der Welt, der Fenriswolf schuld an Odins Tod sein würde. Also entsandte Odin die Asen, dass sie die Kinder holen und zu Odin bringen sollten, damit der Allvater sie fesseln könne.

Die Asen hatten große Probleme damit, den Fenriswolf zu überwältigen. Egal, wie sie sich an ihn heranschlichen, stets schnappte er mit seinen gewaltigen Kiefern nach ihnen. Schließlich schmiedeten die Asen eine große Kette, die sie Leding tauften. Diese Kette sei stark genug, den Wolf zu fesseln, glaubten sie.

Das Tier ließ es zu, dass sie ihm die Kette anlegten. Dann holte der Wolf tief Luft und spannte die Kette, die daraufhin in tausend Teile zersprang, als sei es die einfachste Sache der Welt. Leding war zerstört.

Nun schufen die Asen eine neue Kette, die noch stärker war als Leding. Sie nannten sie Dromi und zeigten sie dem Fenriswolf. Er hielt sie für sehr stark, ließ es aber zu, dass die Asen sie ihm anlegten. Dann schüttelte er sich, spannte sich und zog. Genau wie Leding zuvor zerbrach daraufhin auch Dromi.

Nun schickten die Götter einen Boten nach Schwarzalbenheim, dem Reich der Dunkelelfen. Gegen Bezahlung in Gold erklärten sich die Elfen bereit, eine neue Kette herzustellen, die so stark war, dass keine Kraft der neun Welten sie würde sprengen können.

Ein drittes Mal näherten sich die Asen dem Fenriswolf und zeigten ihm die neue Kette namens Gleipnir. Sie funkelte im Licht und schien kaum so dick wie ein Seidenfaden. Doch dieses Mal verweigerte der Fenriswolf die Zustimmung und ließ sie sich nicht um die Beine spannen. »Sie könnte stärker sein, als sie aussieht«, knurrte er vielsagend.

»Wenn du diese Kette zerbrechen kannst, werden wir nicht mehr versuchen, dich zu fesseln«, sagte einer der Asen. »Dann bist du frei zu gehen, wohin du willst.«
Bei diesem Angebot konnte der Fenriswolf nicht Nein sagen. Er ließ zu, dass man ihm das eiserne Band anlegte, aber dann sagte er plötzlich: »Als Zeichen eurer guten Absichten muss einer von euch seine Hand in mein Maul legen.« Die Asen blickten einander an. Schließlich ergriff Tyr das Wort.

»Ich werde es tun«, sagte er und legte seine Hand dem Wolf ins Maul. Nun schwoll der Fenriswolf an und holte tief Luft. Er versuchte, die Kette zum Bersten zu bringen.

Schweiß trat ihm auf die Braue und er versuchte es erneut. Gleipnir zitterte und knackte, brach aber nicht. Ein drittes Mal sammelte der Wolf all seine Kraft und strengte sich an. Er knurrte und biss seine Kiefer zusammen. Tyr schrie vor Schmerz und zog seinen Arm zurück, aber es war zu spät – der Wolf hatte ihm die Hand abgebissen.

DER WOLF VON NARNIA

C.S. Lewis war ein Freund von J.R.R. Tolkien und genau wie diesen faszinierten auch ihn die nordischen Mythen. Während sein Freund *Der kleine Hobbit* und andere Geschichten über Mittelerde schrieb, verfasste Lewis eine Romanreihe für Jugendliche, die im magischen Land Narnia spielt. In einem dieser Bücher, *Der König von Narnia*, regiert eine schreckliche weiße Hexe das Land, in dem ewiger Winter herrscht – »immer nur Winter, aber nie Weihnachten«, wie eine Figur im Roman traurig beklagt. Rechte Hand der Hexe ist ein Wolf namens Maugrim oder Fenris Ulf, der als Chef ihrer Geheimpolizei fungiert. Zum Ende des Buchs hin tötet der Held der Geschichte, der junge Peter, der später König von Narnia wird, den Wolf.

Jetzt nahmen die Asen Gelgja, eine andere Kette, und befestigten ein Ende davon an Gleipnir, das andere Ende legten sie um den großen Felsen Gjöll. Diesen Felsen brachten sie eine Meile unter die Erdoberfläche und legten einen anderen großen Felsen darauf. Der Fenriswolf knurrte und geiferte.

Einer der Asen zog sein Schwert und trieb es dem Wolf von unten durch den Kiefer in den Gaumen. Der Wolf jaulte vor Schmerz, denn nun war er geknebelt und gefesselt. Speichel lief ihm in solchen Mengen aus dem Maul, dass sich ein Fluss bildete – Van, der »Speichelfluss«.

Und dort wartet der Fenriswolf auf Ragnarök und das Ende der Zeit.

JÖRMUNGANDR

Das zweite schreckliche Kind des Loki war Jörmungandr, die große Schlange. Odin sah, wie sie immer größer wurde und welchen Schrecken sie verbreitete, deshalb sorgte er dafür, dass sie am Grunde des Meeres, das Midgard umgibt, um die Insel herum gelegt wird. Ein dermaßen gewaltiges Ausmaß nahm die Schlange an, dass sie schließlich ganz Midgard umschloss und sich selbst in den Schwanz biss.

Einmal gelang es Thor, dem stärksten aller Götter, die Midgardschlange anzuheben (siehe Kapitel 8), aber sie war damals in der Gestalt einer Katze, deshalb wusste er nicht, welche Tat ihm da gelungen war. Einmal fing Thor beim Angeln die Schlange (siehe Kapitel 9) und er hob ihren Kopf so weit an, dass er ihn sehen konnte. Doch gerade als er mit dem Hammer ausholte, um die Schlange zu töten, kappte sein Begleiter die Angelschnur und ließ die Bestie dadurch frei. Genau wie der Fenriswolf wird auch Jörmungandr bis zum Ende der Zeiten an ihrem Ort bleiben.

HEL

Lokis drittes Kind war Hel. Ihr übertrug Odin die Aufsicht über Niflheim und das Reich der Toten (es wurde ein großer Unterschied zwischen den Menschen gemacht – Krieger, die im Kampf fielen, zogen in Walhalla ein, Männer, Frauen und Kinder dagegen, die aus anderem Grund sterben, kommen zu Hel).

In der Kunst wird Hel fast immer als alte Frau dargestellt, als Hutzelweib in zerrissener Kleidung. Ihr Hund Garm bewacht die Tore zu ihrem Reich und ihr Saal heißt Eljudnir und dort reist auch der Gott Hermodr hin, um die Rückgabe des Gottes Balder zu erflehen, der durch Lokis Betrug ums Leben kam (siehe Kapitel 10). Sie hat einen Tisch namens Hunger, ein Messer namens Hungersnot, einen Sklaven namens Faul und eine Dienerin namens Gehfaul. (All diese Beschreibungen stammen aus der *Prosa-Edda*. Eljudnir und die dort lebenden Figuren werden in keiner anderen Quelle beschrieben.)

DAS ALTE WEIB

Das alte Hutzelweib ist ein Bild, das in der Mythologie ausgesprochen häufig vorkommt. Bei den Kelten beispielsweise gab es die Morrigan, die als schlechtes Omen den Tod im Kampf vorhersagte. In der skandinavischen Folklore gab es Hel, aber auch die Mara, ein runzliges altes Weib, das sich Schlafenden auf die Brust setzte und für Alpträume sorgte.

DER LISTENREICHE

Loki spielt eine zentrale Rolle in der Mythenwelt der Wikinger und zumeist ist es keine gute Rolle. Er scheint nur für einen Zweck zu existieren – um die anderen als Trottel dastehen zu lassen und ihnen Streiche zu spielen. In einigen Fällen gehen diese Streiche allerdings böse daneben, beispielsweise bei Balders Tod. Verheiratet ist er mit Signy, die ihm helfen muss, als ihn die Götter wegen seiner Betrügereien bestrafen (siehe Kapitel 10). In der *Lokasenna* aus der *Lieder-Edda* bekommt man einen guten Eindruck von Lokis Treiben. Ein Großteil des Gedichts machen zahllose Seitenhiebe gegen die Götter aus (offenbar waren Beleidigungen ein wichtiger Bestandteil der Wikingerkultur).

Nachdem er vom Riesen Hymir den Kessel bekommen hat (siehe Kapitel 9), lädt der Meeresgott Ägir (oder Gymir) die Götter zu einem Fest. Einer der Gäste ist Loki und er wendet sich an Ägirs Leibdiener Eldir und fragt ihn, wer sich denn alles im Saal aufhält. Eldir sagt es ihm, woraufhin Loki erwidert:

> Ein will ich treten in Ägirs Hallen,
> Selber dies Gelag' zu sehn.
> Schimpf und Schande schaff' ich den Asen
> Und mische Gift in ihren Met.

Nachdem er die Halle betreten hat, wirft er mit Beleidigungen um sich. Es lohnt, sich sein Wortgefecht mit Bragi anzusehen, denn es ist typisch für seine Art der Konversation:

Heil euch, Asen, heil euch Asinnen,
Euch hochheiligen Göttern all,
Außer dem Asen allein, der da sitzt
Auf Bragis Bank.

Darauf Bragi:

Schwert und Schecken aus meinem Schatze zahl' ich
Und einen Baug (Ring) zur Buße,
Dass du den Asen nicht Ärgernis gebest:
Mache dir nicht gram die Götter.

Loki feuert verächtlich zurück:

Ross und Ringe, nicht allzu reich doch
Weiß ich dich, Bragi, der beiden!
Von Asen und Alfen, die hier inne sind,
Scheut keiner so den Streit,
Flieht Geschoße keiner feiger.

Bragi antwortet:

Ich weiß doch, war ich draußen, wie ich drinne bin
Hier in Ägirs Halle,
Dein Haupt hätt' ich in meiner Hand schon;
Also lohnt' ich dir der Lüge.

Und schließlich Loki:

Sitzend bist du schnell, doch schwerlich leistest du's,
Bragi, Bänkehüter!
Zum Zweikampf vor, wenn du zornig bist:
Der Tapf're sieht nicht um und säumt.

Der Wortwechsel ist in mehrfacher Hinsicht interessant. Zum einen verrät er uns etwas über Lokis Sinn für Humor und seine Neigung, Zwietracht unter den Asen zu säen. Gleichzeitig aber ist es die Art rauen Scherzens und Aufziehens, die bei den Wikingern und anderen Bewohnern Skandinaviens an der Tagesordnung gewesen sein dürfte. In einer von Männern dominierten Gesellschaft, in der Feiern mit testosterongeschwängerten Debatten einhergingen, ist es überraschend, dass nicht noch mehr Streitigkeiten blutig ausgingen.

ANDERE GOTTHEITEN

Snorri erwähnt eine Reihe anderer Götter, aber keiner von ihnen ist so wichtig wie die drei zentralen Gottheiten Odin, Thor und Loki. Er listet unter anderem auf:

BALDER

Wie wir später noch ausführlicher sehen werden, ist Balder eine tragische Figur der Wikingermythen (siehe Kapitel 10). Snorri erwähnt ihn zu Beginn der *Prosa-Edda* als zweiten Sohn Odins. Er ist so gutaussehend, dass er von innen heraus leuchtet. Gleichzeitig ist er der weiseste der Götter, derjenige, der sich am besten ausdrücken kann, und derjenige, der die meiste Gnade walten lässt. Dieser letzte Charakterzug führt allerdings dazu, dass er sich nicht gerne entscheidet. Seine Halle hat er an einem Ort namens Breidablik.

NJÖRD

Njörd haben wir bereits als einen der Wanen-Götter ken-
nengelernt. Er beherrscht die Meere und seine Heimstatt
steht in Noatun (»Schiffsplatz«). Matrosen und Fischer
bringen ihm Opfer dar, insofern war er für die Wikinger
ein ganz besonders wichtiger Gott.

FREYR

Auch Freyr zählt zu den Wanen. Mit seiner Schwester Freya
und seinem Vater Njörd wird er nach dem Krieg zwischen
Asen und Wanen (siehe Kapitel 7) als Geisel nach Asgard
geschickt. Er ist ein Gott der Fruchtbarkeit und wird mit
dem sakralen Königtum in Verbindung gebracht, also der
Vorstellung, dass ein König sowohl über religiöse Funktion
und Bedeutung verfügt als auch über temporale. Er ist ein
Gott der Potenz und des Wohlstands, das macht ihn zu
einem der wichtigsten Götter des Nordens.

Er heiratet die Riesin Gerdr (was nur noch weiter unterstreicht, wie komplex die Beziehungen zwischen den Riesen
und den Göttern sind), aber um das tun zu können, muss er
sein Schwert aufgeben.

Doch Freyr verfügt noch über andere magische Schätze –
das Schiff Skidbladnir beispielsweise, das auf See sämtliche
Götter aufnehmen kann, sich aber an Land auf die Größe eines Pergaments zusammenfalten lässt, oder den wilden Eber
Gullinborsti, der aus Gold besteht, frei durch die Lande
streift und sich dabei weder von Mensch noch Gott fangen

lässt. Seine goldenen Borsten versprühen Funken. Weil er nicht über ein Schwert verfügt, wird Freyr an Ragnarök von dem Riesen Surtur getötet, so hat es das Schicksal vorbestimmt.

TYR

Tyr tauchte bereits in der Geschichte auf, wie der Fenriswolf angekettet wurde. Der Verlust seiner Hand hat ihn sehr kriegerisch werden lassen, aber er ist gleichzeitig auch mutig und sehr weise.

BRAGI

Bragi weiß sich besonders gut auszudrücken, er ist zudem in der Dichtkunst sehr bewandert. Dass er nicht zu den martialischeren Asen zählt, könnte durchaus der Grund sein, weshalb Loki über Bragis Mut spottet. Bragi ist mit Idun verheiratet, der Hüterin der magischen Äpfel, die die Jugendlichkeit der Götter für alle Zeit bewahrt (in Kapitel 10 wird die Geschichte erzählt, wie Loki Iduns Äpfel stiehlt).

HEIMDALL

Heimdall wird manchmal auch der »Goldzähnige« genannt, da seine Zähne aus Gold sind. Snorri sagt über ihn: »Er ist groß und hehr und von neun Mädchen, die Schwestern waren, geboren.« Er lebt in der Nähe von Bifröst, der Regenbogenbrücke, die von Midgard nach Asgard führt.

Mit seinem Fernrohr sucht er nach Bergriesen, falls diese versuchen sollten, unbemerkt die Brücke zu überqueren. Er sieht laut Snorri »hundert *Rasten* weit« [Anm. d. Übers.: ein Rast ist ein altes skandinavisches Längenmaß und entspricht rund neun Kilometern] und er hört das Gras genauso wachsen wie die Wolle auf den Schafen. Bei einem Angriff auf Asgard bläst er sein Horn Gjallarhorn, um die Asen zu warnen.

WEITERE WIKINGER-GOTTHEITEN

- **Ägir.** Der König der Meere, ähnlich wie Triton in den altgriechischen Mythen. In der *Skaldskaparmal* schreibt Snorri, dass Ägir identisch mit dem Meeresriesen Hjer sei.

- **Hödur.** Er ist blind, aber ausgesprochen stark. Die Erinnerungen an seine guten Taten werden bei Menschen und Göttern noch lange Bestand haben.

- **Widar.** Ein stummer Gott. Er hat einen unglaublich dicken Schuh, den er an Ragnarök dafür nutzen wird, den Fenriswolf zu töten. Nur Thor ist stärker.

- **Wali.** Auch als Vali oder Ali bekannt. Er ist der Sohn von Odin und Rind. Er ist ein erfahrener Kämpfer und verfügt über ein sehr scharfes Auge.

- **Uller.** Der Sohn der Sif und damit ein Stiefsohn Thors. Er ist ein versierter Bogenschütze, gut im Umgang mit Skiern und ein exzellenter Krieger. Snorri empfiehlt, sich an Uller zu wenden, wenn man vor einem Kampf Mann gegen Mann stehe. Für diesen Zweck könne man zu keinem besseren Gott als Uller beten.

- **Forseti.** Der Sohn von Balder und Nanna. Er ist besser als alle anderen Götter darin, Recht zu sprechen. In seinem Saal, Glitnir, trägt man ihm Rechtsfälle vor und er löst sie gerecht.

GÖTTINNEN

Im Mittelpunkt der Wikinger-Gesellschaft – und der skandinavischen insgesamt – stand der Mann, insofern spielen weibliche Gottheiten in der Mythologie des Nordens bei weitem keine so zentrale Rolle wie beispielsweise in den keltischen oder altertümlichen Mythen. Nichtsdestotrotz gibt es einige bedeutsame Göttinnen.

FRIGG

Frigg steht unter allen Göttinnen an erster Stelle. Sie ist die Gemahlin Odins, verfügt aber auch selbst über Macht. Frigg ist Balders Mutter und sein Tod zerreißt ihr das Herz. Später kommt noch eine weitere große Last hinzu, als sie erfahren muss, dass Odin während Ragnarök sterben wird. Der Stammbaum der Asen ist eine etwas verwirrende und oftmals widersprüchliche Angelegenheit. In einigen Quellen heißt es, Thor sei der Sohn von Frigg und Odin, in anderen Quellen hingegen ist von ganz anderen Eltern die Rede.

Friggs Halle heißt Fensal, der »Sumpfsaal«. Sie ist sehr gut darin, einen Blick in die Zukunft zu werfen, aber das bereitet ihr oftmals auch Kummer.

DIE WOCHENTAGE

Von den nordischen Mythen hat sich kaum ein Aspekt so dauerhaft halten können wie die Namen der Wochentage, zumindest in der englischen Sprache. Einige sind nach griechischen oder römischen Göttern benannt – *saturday* (Samstag) beispielsweise nach Saturn –, andere dagegen haben ihren Ursprung in den Namen von Göttern des Nordens. *Wednesday* (Mittwoch) etwa kommt von Wotan, dem deutschen Namen Odins. *Thursday* ist natürlich »Thors Tag« und Freitag ist der Tag von Frigg.

FREYA

Freya ist die Göttin der Schönheit, sie wird auch mit Fruchtbarkeit, Gold und Krieg in Verbindung gebracht. Ihr Streitwagen wird von Katzen gezogen und sie weint Tränen aus Gold. Wie ihr Bruder Freyr gehört sie nicht zu den Asen, sondern zu den Wanen. Von den Kriegern, die in der Schlacht fallen, bekommt sie die Hälfte (die andere Hälfte gehört Odin) und sie empfängt sie in ihrer Halle Sessrumnir. Sie ist mit Odr verheiratet, aber weil er nicht da ist, weint sie Tränen roten Goldes.

Freyas Gegenstück in den klassischen Mythen ist Aphrodite und genau wie diese ist auch Freya oftmals eitel und launisch. Beide Eigenschaften sind deutlich in der Geschichte zu erkennen, wie sie an das Halsband Brisingamen gelangt (siehe Kapitel 9). Dennoch wurde sie aufgrund ihrer Rolle als Fruchtbarkeitsgöttin weithin angebetet. Viele Pflanzen im Norden trugen ihren Namen, ein Großteil davon wurde allerdings umgetauft, als sich das Christentum in Skandinavien ausbreitete. Frühe Christen in Nordeuropa setzten Freya teilweise mit der Muttergottes gleich.

ODR ODER ODIN?

Einige Gelehrte vertreten die Ansicht, dass Odr in Wirklichkeit ein anderer Name Odins sei. Das wiederum widerspräche allerdings der Vorstellung, dass Odin mit Frigg verheiratet ist, wofür es im Quellenmaterial reichlich Belege gibt.

ANDERE GÖTTINNEN

In der *Gylfaginning* führt Snorri noch eine Reihe anderer Göttinnen an und liefert eine kurze Beschreibung dazu. Es handelt sich unter anderem um:

- **Saga.** Sie bewohnt Söckwabeck.
- **Eir.** Laut Snorri ist sie die »beste der Ärztinnen«.
- **Gefiun.** Sie ist eine Jungfrau und ihr gehören »alle, die unvermählt sterben«.
- **Fulla.** Sie ist eine Kammerzofe Friggs und trägt die Ausrüstung der Göttin in einem Schmuckkästchen aus

Esche mit sich. Außerdem kümmert sie sich um Friggs Fußbekleidung.

- **Siöfn.** »Sie sucht die Gemüter der Menschen, der Männer wie der Frauen, zur Zärtlichkeit zu wenden.« Liebende beten nicht nur zu Freya, sondern auch zu ihr. Snorri schreibt, »nach ihrem Namen ist die Liebe Siafni genannt«.

- **Lofn.** Eine milde, gütige Göttin. Sie ist so sanftmütig und so gutherzig, dass Odin ihr die Erlaubnis gegeben hat, auch solche Verbindungen von Männern und Frauen möglich zu machen, die von Menschen untersagt worden waren.

- **Wara.** Sie hört die Verträge und Vereinbarungen, die die Menschen miteinander eingehen, und straft jene, die ihren Eid brechen. Sie ist sorgfältig und kenntnisreich. Ihr entgeht nichts und der Begriff »einer Sache gewahr werden« leitet sich von ihrem Namen ab.

- **Syn.** Sie ist die Wächterin und schützt davor, dass Unbefugte eine Halle betreten. Außerdem verteidigt sie Rechtsfälle, die die Anklage nicht gewinnen sollen dürfte.

- **Hlin.** Sie wacht über alle, die Frigg vor Gefahren bewahrt wissen will.

- **Snotra.** Sie ist »weis und feinsinnig«, deshalb heißen »Männer als Frauen, die klug und feinsinnig sind, *snotr*«.

- **Gna.** Sie ist Friggs Botin und reist auf ihrem Pferd Hofhwharfnir durch alle neun Welten. Das Pferd »rennt durch Luft und Flut«.

Das also sind die Götter und Göttinnen des Nordens. Sie wurden bis zum Aufkommen des Christentums von den Wikingern und vielen anderen Menschen verehrt.

KAPITEL ACHT

Thors Abenteuer

Loki war clever, aber nicht besonders kräftig, deshalb setzte er auf seinen Listenreichtum und seine Fähigkeiten als Gestaltwandler, um seine Ziele zu erreichen. Ganz anders dagegen Thor, bei dem vor lauter Muskeln kaum noch Platz für Gehirn blieb. Er war vermutlich der nordische Gott, der – mit Ausnahme Odins – am meisten bewundert wurde. Das überrascht nicht sonderlich bei einem Volk, das vor allem für seine Fähigkeiten auf dem Schlachtfeld berühmt ist. Thor wird beschrieben als mächtig groß, rotbärtig und mit einer laut donnernden Stimme ausgestattet (weshalb er auch wiederholt als der »Donnerer« bezeichnet wird).

THORS URSPRÜNGE

In der *Lieder-Edda* schreibt Snorri Sturluson, dass Thor aus dem Königsgeschlecht Trojas abstammt. Troan, die Tochter von König Priamos, habe einen Mann namens Memnon geheiratet und die beiden hätten einen Sohn bekommen – »Tror, den wir Thor nennen«, berichtet Snorri.

TROJANISCHE WURZELN

Snorri schrieb die Edda im 13. Jahrhundert. Damals kursierten in zahlreichen europäischen Völkern Gründungsmythen, die in irgendeiner Form mit Troja im Zusammenhang standen. Die Briten beispielsweise stammten vom trojanischen Prinzen Brutus ab, schrieb im 12. Jahrhundert der Autor Geoffrey von Monmouth. Die bekannteste dieser Ursprungsgeschichten findet sich im Gedicht *Aeneis* des römischen Autors Vergil. Er schrieb im 1. Jahrhundert vor unserer Zeitrechnung, dass die Römer Nachkommen des Trojaners Aeneas seien.

Als Thor zwölf Jahre alt ist, besitzt er bereits seine volle Manneskraft, schreibt Snorri. Er hat dies unter Beweis gestellt, indem er einen Haufen von zehn Bärenfellen anhebt. Er reist weit herum, tötet Riesen, Krieger und einen wilden Drachen.

Laut einem anderen Bericht ist Thor der Sohn von Odin und der Göttin Jord (»Erde«). Er heiratet die Prophetin Sif und sie leben in einem Anwesen mit 540 Räumen, dem größten Gebäude, das je errichtet wurde. Sein Streitwagen wird von zwei magischen Ziegenböcken gezogen, Tanngnjostr (»Zähneknisterer«) und Tanngrisnir (»Zähneknirscher«). Worin die magischen Fähigkeiten der Tiere bestehen, werden wir schon bald sehen.

GROSSE BELIEBTHEIT

Thor ist der Donnergott – wenn es donnert, dann deshalb, weil Thor in seinem Streitwagen über den Himmel reist, sagten die Wikinger. Er ist der Gott der Reisenden, was erklären könnte, weshalb sich der Kult um ihn in allen Gebieten ausbreitete, in denen die Wikinger aktiv waren. 25 Prozent der Isländer trugen einen Namen, der in irgendeiner Form »Thor« enthielt, man ging davon aus, dass er bei Versammlungen des isländischen Parlaments Althing anwesend war. Es gibt zahllose Darstellungen Thors und in fast allen kann man ihn leicht anhand seiner wichtigsten Waffe identifizieren – Thors Hammer.

THORS HAMMER MJÖLNIR

Auch die Geschichte, wie Thor seinen großen Hammer bekommt, beginnt wie so viele Wikingermythen mit einem Streich Lokis. Thors Gemahlin Sif zählt zu den schönsten der Göttinnen, vor allem ihr glänzendes goldenes Haar sorgt für viel Bewunderung, denn es leuchtet aus sich heraus. Eines Nachts schleicht sich Loki in das Zimmer, in dem Sif und Thor schlafen. Loki zückt sein Messer und schneidet mit einem Schnitt Sifs goldenes Haar ab. Er lässt es einfach in einem Haufen auf dem Fußboden liegen und verschwindet.

Als Sif am nächsten Morgen sieht, was Loki angestellt hat, ist sie am Boden zerstört. Thor dagegen ist außer sich und wütet gegen Loki, der klagt, dass alles doch nur als ein Scherz gemeint gewesen sei. »Ich werde es ersetzen«, jammert er. »Ich hole mir Hilfe von den Zwergen.«

Loki sucht zwei Zwerge auf und überredet sie, Sif neues Haar anzufertigen, dieses Mal aus echtem Gold. Im Gegenzug verspricht er ihnen die Freundschaft und das Wohlwollen der Götter von Asgard. Widerwillig stimmen die Zwerge zu und werfen ihren Ofen an. Dann machen sie sich an die Aufgabe, Strähne um Strähne güldenen Haars zu fertigen. Schon bald haben sie eine große Menge goldener Haare hergestellt. Das Haar rauscht und weht, wenn sie darauf blasen.

Aber das reicht den beiden Zwergen nicht. Sie wollen sich unbedingt die Freundschaft der Götter sichern, also fertigen sie zwei weitere wunderbare Gegenstände – einen Speer für Odin und ein Schiff für Freyr.

Der Speer trägt den Namen Gungnir, verfehlt kein Ziel, auf das Odin ihn schleudert, und kehrt immer zu seinem Besitzer zurück. Das Schiff Skidbladnir wiederum ist groß genug, um alle Götter aufzunehmen, kann an Land aber in so kleine Teile zerlegt werden, dass es kaum mehr Platz als ein Stofftuch einnimmt.

DIE ANDEREN ZWERGE

Loki dankt den Brüdern, reist aber nicht direkt nach Asgard zurück. Stattdessen sucht er zwei andere Zwerge auf, Brokk und Sindri. Diese Zwerge sind ganz fasziniert von den Schätzen, die Loki mit sich führt, und sie prahlen, dass sie noch Besseres fertigen können.

Loki spottet über ihre Behauptung, woraufhin die Zwerge ihren Ofen anwerfen und sich ans Werk machen. Sindri produziert die Statue eines Wildschweins, dessen Borsten aus Gold sind. Dann erschaffen die Brüder einen Armreif, ebenfalls aus Gold. Schließlich schmieden sie noch einen eisernen Hammer mit kurzem Griff und gewaltigem Kopf. Die beiden Zwerge sagen Loki, er solle die Schätze nach Asgard bringen und die Götter befinden lassen, welche Gegenstände die besten seien. Sollten ihre Schätze für besser erklärt werden, verlange er Lokis Kopf als Belohnung, erklärt Brokk.

Die Götter sind überwältigt von den Schätzen. Die Zwerge erklären Odin, der Armreif Draupnir sei für ihn bestimmt: »In jeder neunten Nacht werden acht ebenso kostbare Ringe von ihm niederträufeln.« Zu Thor sagen sie: »Das ist der Hammer Mjölnir. Wohin Ihr ihn auch werft, so sollt Ihr ihn doch nicht verlieren, und nie solle er so weit fliegen, dass er nicht in Eure Hand zurückkehre. Und wenn es Euch beliebt, soll er so klein werden, dass Ihr ihn im Busen verbergen könnt.« Dann fragen sie die Götter, welcher der sechs Schätze vor ihnen der kostbarste sei.

Das Urteil der Götter fällt einstimmig aus – Mjölnir ist der kostbarste Schatz, denn die Götter wissen, mit diesem Hammer würde Thor ihre Erzfeinde, die Riesen, bezwingen können und dafür sorgen, dass die Mauern Asgards sicher bleiben.

LOKIS NIEDERLAGE

Die Götter haben einen der Schätze ausgewählt, den er mit seinem Bruder hergestellt hat, deshalb fordert Brokk nun den Kopf Lokis. Rasch erklärt Loki daraufhin dem Zwerg: »Na gut, aber nur den Kopf. Von meinem Hals darfst du nichts, nicht einmal das kleinste Stück haben.« (Wer sich mit *Der Kaufmann von Venedig* beschäftigt hat, dem wird dieser Trick bekannt vorkommen. In Shakespeares Stück greift Portia zu dieser List, um Antonio vor dem bösen Shylock zu retten.)

Brokk muss erkennen, dass er hinters Licht geführt wurde. Wütend erklärt er, er werde Loki den Mund zunähen, was er dann mit der Ahle seines Bruders auch tut. Loki reißt sich später die Nähte aus den Lippen, schreit dabei allerdings vor Schmerz.

THOR UND LOKI REISEN NACH UTGARD

Zu den wichtigsten Mythen, die Snorri Sturluson in der *Lieder-Edda* aufgreift, zählt die Geschichte der Reise, die Thor und Loki zu den Riesen von Utgard unternehmen.

Zu dem Zeitpunkt herrscht kein Krieg zwischen den Riesen und Asgard. Die beiden Götter reisen in Thors Streitwagen, den die Ziegenböcke Zähneknisterer und Zähneknirscher ziehen. Zum Abend hin kommen sie zu einem Haus, in dem ein Bauer mit seiner Familie lebt. Die Götter bitten um Unterkunft und der Bauer nimmt sie bereitwillig auf, warnt jedoch, er könne ihnen nichts zu essen anbieten.

»Das macht nichts«, antwortet Thor. Er nimmt seine Ziegen und schlachtet sie vor den Augen der Familie. Die ist ganz verblüfft, dass er einfach so die Tiere tötet, die doch seinen Streitwagen ziehen sollen. Die Bauersfrau kocht das Ziegenfleisch, dann bittet Thor die ganze Familie zum Festmahl. Er warnt sie allerdings, dass sie die Knochen auf das Ziegenfell zu werfen hätten, welches er vor dem Feuer ausgebreitet hat.

Die Familie ist sehr hungrig, deshalb lässt sie sich nicht lange bitten, sondern greift reichlich zu. Wie gebeten, werfen alle die Knochen auf die Ziegenfelle. Doch der Vater ist noch immer hungrig, deshalb nimmt er, als die Götter gerade nicht hinblicken, einen Beinknochen und knackt ihn mit seinem Messer auf, um an das Knochenmark zu gelangen. Dann legen sich die Familie und die Götter vor dem Feuer zum Schlafen nieder.

Am nächsten Morgen segnet Thor die Ziegenfelle mit seinem Hammer und zur Verblüffung der Bauersfamilie erheben sich die Ziegenböcke quicklebendig. Doch als sie zum Streitwagen gehen, bemerkt Thor, dass eine der Ziegen humpelt. Er brüllt den Bauern an: »Wer war das? Wer hat meiner Ziege den Oberschenkelknochen gebrochen?« Zitternd gesteht der Bauer, was er getan hat.

Thor hebt den Hammer über den Kopf, woraufhin der Bauer in Todesangst fleht: »Bitte töte mich nicht! Nimm mir alles! Nimm meine Familie!«

Thors Wutanfälle sind wie Sommergewitter – spektakulär, aber nie von langer Dauer. Er senkt seinen Hammer und grummelt: »Na schön. Deine Kinder werden uns als Bedienstete begleiten.« Und so gehen der Junge Thialfi und das Mädchen Roskva mit Loki und Thor mit. Snorri schreibt, dass sie ihr Leben lang als Leibeigene Thors arbeiten.

THOR UND SKRYMIR

Die vier Reisenden werden von der Dunkelheit überrascht, deshalb machen sie sich auf die Suche nach einem Platz für die Nacht. Dabei stoßen sie auf einen Saal mit einem langen Gang, an dessen Ende sich eine Tür befindet. Sie legen sich zur Nacht nieder, glücklich, diese Unterkunft gefunden zu haben, in der Nacht jedoch weckt sie ein schweres Erdbeben. Der Saal wackelt und schwankt so stark, dass sogar Thor und Loki von der Stärke der plötzlichen Erdstöße überrascht werden.

Am nächsten Morgen geht Thor hinaus, um sich umzusehen. Er nimmt seinen Kraft verleihenden Gürtel mit, der ihn größer macht. Wie er sich umsieht, entdeckt er einen sehr großen schlafenden Mann, der so laut schnarcht, dass wohl nicht einmal die Götter das ignorieren können. Als der Mann schließlich erwacht, fragt Thor ihn nach seinem Namen, woraufhin der Mann erwidert, er heiße Skrymir. Er erkennt Thor und grüßt ihn respektvoll – eine Geste, die Thor anscheinend nicht erwidert. Der Gott ist ganz schockiert, als der große Mann ihm seinen Handschuh zeigt – und Thor klar wird, dass es sich dabei um die Unterkunft handelt, in der er und seine Kumpane die vergangene Nacht verbracht haben. Der Daumen ist der »Saal«, in dem sie geschlafen haben.

»Werfen wir doch unsere Vorräte zusammen und heute Nacht werden wir beide gut speisen«, schlägt Skrymir vor. Thor willigt ein und die beiden packen ihre Nahrung in einen gemeinsamen Sack. Den ganzen Tag über gehen sie, Thor, Loki und ihre Begleiter immer auf den Fersen des Riesen, der ohne zu ermüden Kilometer um Kilometer voranschreitet. Als sie schließlich einen Rastplatz für die Nacht erreichen, ist Thor schon arg ausgehungert.

»Nur zu«, sagt Skrymir. »Öffnet den Sack und nehmt euch, soviel ihr wollt.« Dann legt er sich hin und fällt umgehend in tiefen Schlaf. Thor greift sich den Sack in Erwartung eines schönen Festmahls für sich und seine Begleitung. Aber der Gott kann probieren, was er will, es gelingt ihm nicht, den Sack zu öffnen. Seine Wut wächst im selben Maß wie seine Frustration, bis er sich seinen Hammer Mjölnir greift und dem Riesen damit auf den Kopf schlägt.

Daraufhin dreht sich Skrymir herum und öffnet ein Auge: »Ich glaube, mir ist ein Blatt von dem Baum auf die Stirn gefallen«, sagt er zu dem Gott. »Ihr solltet euch hinlegen und schlafen gehen.«

Niedergeschlagen tut Thor wie geheißen und fällt rasch in tiefen Schlaf. Um Mitternacht lässt der Riese mit seinem Schnarchen den Wald erbeben. Bäume wackeln, Tiere fliehen vor dem Getöse. Thor erwacht und greift voller Wut zu seinem Hammer. Dieses Mal schlägt er Skrymir mittig auf den Schädel. Tief versinkt der Hammer im Kopf des Riesen, aber dieser wacht bloß auf und sagt: »Ist mir jetzt gar eine Eichel auf den Kopf gefallen?« Er streicht sich über den Kopf, um den vermeintlichen Übeltäter wegzuwischen, dann versinkt er wieder in tiefem Schlaf.

Vor Wut, Hunger und Müdigkeit weiß Thorn nun nicht mehr ein noch aus. Hatte sein Hammer womöglich etwas gefunden, das er nicht erschlagen konnte? Dieser Gedanke bereitet ihm Angst. Als die Sonne anfängt, rot über den Horizont zu klettern, springt der Gott auf und stürzt auf den Riesen zu. Vor Wut brüllend schlägt er dem schlafenden Riesen mit seinem Hammer gegen die Schläfe. Dieses Mal dringt der Hammer tief in Skrymirs Kopf ein und der Gott ist überzeugt, er habe den schlafenden Riesen nun endlich erschlagen.

Doch Skrymir zuckt nur mit den Schultern und reckt sich: »Komm, mein Freund«, sagt er. »Es ist Zeit, sich fertigzumachen. Mir scheint, als hätten über mir ein Vögelchen gezwitschert und Blätter und Zweiglein auf mich fallen lassen.« Schmollend zieht sich Thor an und bereitet sich darauf vor, die Reise fortzusetzen.

Thor und Loki sind auf dem Weg in das Land der Riesen, sie wollen zur Feste von Utgardloki. Skrymir gibt ihnen einen Rat mit auf den Weg: »Die Anhänger von Utgardloki sind ausgesprochen mächtig. Von so winzigen Leuten wie euch werden sie sich keinerlei Prahlerei gefallen lassen. Mein Rat an euch: Ihr dreht besser um, solange ihr noch über alle Gliedmaßen verfügt. Aber ich schätze, ihr wollt trotzdem weitergehen. Bei Leuten wie euch ist das meistens der Fall. Mein Weg jedoch führt mich nordwärts zu den weit entfernten Bergen.« Mit diesen Worten greift er sich seinen riesigen Sack mit Vorräten und macht sich auf den Weg. Snorri Sturluson schreibt: »Und nicht ist gemeldet, dass die Asen gewünscht hätten, ihn gesund wiederzusehen.«

ANKUNFT IN UTGARD

Am nächsten Tag erreichen die Reisenden eine gewaltige Festung. So groß ist sie, dass sie sich fast den Hals verrenken müssen, um sie in ihrer ganzen Pracht zu erfassen. Sie ist deutlich größer als alles, was Menschenhand hätte erbauen können. Ganz offensichtlich haben die Götter Utgard erreicht, die Festung von Utgardloki.

Sie versuchen, die Tür zu öffnen, aber sie rührt sich kein Stück. Schließlich zwängen sie sich zwischen den Gittern durch und gelangen in eine große Halle, in der zahlreise

Riesen sitzen. Am anderen Ende der Halle sitzt ein ganz besonders großer Riese in einem hölzernen Stuhl. Langsam durchqueren Thor und Loki die Halle und treten vor den gewaltigen Anführer. Sie begrüßen ihn als Utgardloki, doch zunächst ignoriert er sie völlig. Schließlich sagt er mit einem verächtlichen Grinsen: »Habe ich recht, dass es sich bei diesem kleinen Kerl, den ich da vor mir sehe, um den berühmten Thor handelt? Den Gott, über den so viele große Dinge erzählt werden? An dir muss mehr sein, als es auf den ersten Blick scheint. Doch höre: Alle, die in dieser Halle bei uns sind, müssen unter Beweis stellen, dass sie die eine oder andere Sache besser als jeder andere beherrschen. In welcher Fähigkeit bist du unübertroffen?«

Thor bleibt still, aber Loki ergreift das Wort: »Ich verfüge über die Fähigkeit des Essens«, sagt er und weist auf die große Tafel, an der die Riesen sitzen. »Ich kann das Fleisch dort auf diesem Tisch schneller als jeder andere von euch verschlingen.«

Utgardloki blickt ihn streng an: »Das wäre in der Tat eine bemerkenswerte Leistung«, sagt er und ruft einen Riesen namens Logi (»Feuer«) heran. Logi und Loki platzieren sich an gegenüberliegenden Enden der Tafel und nachdem Utgardloki das Zeichen gibt, beginnen sie zu essen. Loki erreicht die Mitte des Tisches und hat das ganze Fleisch auf seiner Hälfte gegessen – aber Logi hatte nicht nur das Fleisch verspeist, sondern die Knochen und den Tisch selbst gleich mit.

Utgardloki grunzt. »Mir scheint, Loki hat diesen Wettkampf verloren«, erklärt er, dann zeigt er auf Thialfi. »Was kann der Junge da?«

Thialfi verfügt über lange, gerade Gliedmaßen. Er erklärt, er werde es im Wettlauf mit jedem aufnehmen, den Utgardloki benenne. Der Riese ruft einen kleinen Kerl namens Hugi herbei, dann begibt sich die gesamte Gesellschaft nach draußen auf eine weite Ebene. Thialfi und Hugi gehen in Startposition und auf das Zeichen von Utgardloki hin rennen beide los. Hugi ist allerdings so schnell, dass er längst wartend am Ende der Rennstrecke steht, als Thialfi das Ziel erreicht.

Im zweiten Rennen fällt Thialfi noch weiter hinter seinen Gegner zurück, letzten Endes beträgt sein Rückstand einen Schuss mit dem Langbogen. Und als Hugi im dritten Lauf das Ziel erreicht, hat der keuchende Thialfi noch nicht einmal die Markierung an der Hälfte der Strecke passiert.

»Der Junge hat verloren«, erklärt Utgardloki und wendet sich an Thor: »Kommen wir nun zu dir. Es gibt zahlreiche Erzählungen über deine Taten. Was schlägst du vor, welche Fähigkeit willst du uns unter Beweis stellen?«

»Trinken«, erwidert Thor.

»Gut gesprochen«, meint Utgardloki. Er weist seinen Mundschenk an, Thor das Horn zu bringen, aus dem seine Anhänger normalerweise bei ihren Festen trinken. »Es gibt nur eine Bedingung«, erklärt er Thor. »Am besten trinkst du das Horn in einem einzigen Zug leer.«

Thor ist fest davon überzeugt, dass er das schaffen kann. Er hebt das Horn an seine Lippen und leert es… denkt er jedenfalls. Doch als er es absetzt, sieht er, dass das Horn kaum leerer ist als zuvor. »Nanu«, sagt Utgardloki, »das überrascht mich. Ich hätte gedacht, dass der mächtige Thor mehr trinken könnte. Aber vielleicht hast du bei einem zweiten Versuch mehr Erfolg.«

Thor holt tief Luft, dann trinkt er erneut. Während er schluckt, fällt ihm auf, dass er das Horn nicht so hoch anheben kann, wie er es gerne tun würde. Und dennoch ist er überzeugt, dass er dieses Mal das Horn geleert hat. Doch als er absetzt, muss er erkennen, dass auch dieses Mal der Flüssigkeitspegel nur geringfügig gesunken ist.

Utgardloki schüttelt den Kopf. »Das soll das Beste sein, was du zu leisten imstande bist?«, sagt er. »Wenn das so ist, werden wir dich im Gegensatz zu deinen Gefolgsleuten in Asgard nicht für einen so großen Helden halten. Na los. Versuch es noch einmal!«

Und Thor trinkt ein drittes Mal. Und zum dritten Mal schluckt er, bis er das Gefühl hat, gleich zu platzen. Und zum dritten Mal setzt er das Horn auf dem Tisch ab. Doch es ist so voll wie zuvor! Es ist fast so, als habe er überhaupt nicht davon getrunken.

UTGARDLOKIS KATZE

»Vielleicht beherrschst du ja etwas anderes besser als das Trinken«, sagt Utgardloki nun. »Wie wäre es mit einem Beweis deiner Kraft?« Thor nickt zustimmend. Wenn es etwas gibt, worauf er stolz ist, dann ist das seine Kraft. Seine Stärke sucht ihresgleichen unter den Göttern. Utgardloki lächelt: »Diese Probe wird ganz einfach sein. Du musst bloß meine Katze hochheben.«

Eine graue Katze stolziert in die Halle und schleicht sich an Thor heran. Der Gott beugt sich herab und versucht, die Katze hochzuheben. Doch als er seine Hand anhebt, macht die Katze einen Buckel. Je weiter Thor seine Hand hebt, desto höher wird der Katzenbuckel, bis er schließlich weit über Thors Kopf hinausragt. Schließlich packt Thor das Tier und streckt sich und tatsächlich verlässt eine Pfote der grauen Katze den Boden. Mehr passiert nicht.

Lachend sagt Utgardloki daraufhin: »Tja, das ging so aus, wie ich es erwartet hatte. Schließlich ist meine Katze groß und Thor nur so ein kleines Kerlchen.«

DER RINGKAMPF

Nun ist Thors Wut richtig entfacht. »Lasst jemanden im Ringen gegen mich antreten«, ruft er. »Dann werdet ihr schon sehen, ob ich klein bin oder nicht.«

Utgardloki winkt in Richtung der Gruppe Riesen und eine alte Kräuterhexe tritt vor, die auf den Namen Elli hört. Sie ist vom Alter ganz gebeugt. Thor packt sie, aber zu seinem Erstaunen ist sie ihm mehr als gewachsen. Wieder und wieder versucht er, sie zu Boden zu werfen, aber wieder und wieder wehrt sie seine Angriffe ab. Schließlich zwingt sie den Donnergott sogar höchstpersönlich auf ein Knie.

»Das reicht«, sagte Utgardloki. »Es müssen keine weiteren Wettbewerbe mehr stattfinden.« Dann zeigt er Thor und seinen Gefährten ihre Schlafstatt.

DES RÄTSELS LÖSUNG

Früh am nächsten Morgen bereiten sich die Reisenden auf ihre Abreise vor. Utgardloki begleitet sie zum großen Tor und dann hinaus auf die Ebene. Dort lässt er sie innehalten und sagt:

»Jetzt will ich euch die Wahrheit über euren Besuch verraten, denn ich bin derjenige, der entscheidet, ob ihr je nach Utgard zurückkehren dürft. Ich war Skrymir, den ihr im Wald getroffen habt, und ich habe euch mit Gestaltenwandel getäuscht. Ich habe unseren Lebensmittelsack mit Eisen so verschlossen, dass selbst du mit deiner großen Kraft ihn nicht aufbekommen konntest. Als du mich mit deinem Hammer schlugst, hättest du mir große Schmerzen bereiten oder mich sogar töten können, aber durch meine Magie habe ich deine Schläge abgewehrt. Aber sie blieben nicht folgenlos. Seht ihr dort den flachen Berg mit den drei eckigen Tälern, von denen eines tiefer als das andere ist? Das sind die Spuren deines mächtigen Hammers.«

»Als Loki anbot, mehr als einer meiner Riesen zu essen, rief ich Logi herbei, der das Lauffeuer höchstpersönlich ist. So schnell Loki auch zu essen vermag – er wird niemals schneller als ein Lauffeuer sein, das alles in seinem Weg vernichtet.«

»Hugi, gegen den Thialfi antrat, war in Wahrheit mein Gedanke. Und von niemandem kann man erwarten, dass er schneller als mein Gedanke läuft.«

»Und auch du, Thor, hattest keine Chance gegen mich. Als du aus dem Horn trankst, hast du nicht gemerkt, dass das andere Ende am Ozean befestigt war. Niemand kann das Meer leertrinken. Aber wenn du zum Ozean kommst, wirst du sehen, wie weit du seinen Stand abgesenkt hast, und deine Schlucke werden künftig als die Gezeiten bekannt sein. Als du versucht hast, meine Katze anzuheben, und es dir gelangt, eine seiner Pfoten anzuheben, waren alle an meinem Hof bass erstaunt. Denn in Wahrheit war die Katze keine Katze, sondern die Midgardschlange, die die ganze Welt einkreist und sich in den eigenen Schwanz beißt. Und dir ist es gelungen, sie zu bewegen!«

»Als du mit der alten Frau gerungen hast, war dir nicht bewusst, dass sie das Alter selbst ist. Niemand, nicht einmal der mächtigste Krieger, kann das Alter besiegen.«

»Lass dich hier nicht mehr blicken. Falls doch, werde ich andere Listen anwenden, um dich zu besiegen.«

Wütend schwingt Thor den Hammer, um Utgardloki zu vernichten, aber der Riese ist bereits verschwunden. Daraufhin dreht sich Thor um in der Absicht, die Festung, in der sie die Nacht verbracht haben, in Trümmer zu legen. Aber vor ihm liegt nur eine weite, flache Ebene.

KAPITEL NEUN

Mehr Göttergeschichten

Ein Thema, das in den Mythen der Wikinger wieder und wieder vorkommt, ist das Thema Gestaltwandeln. Möglicherweise hängt dies damit zusammen, dass die Menschen so viel Zeit auf dem Meer verbrachten, wo die auf dem Wasser funkelnde Sonne Trugbilder verursachen kann und dem, was das Auge sieht, manchmal etwas Irreales anhaftet. Die Götter sind gut darin, ihre Gestalt zu wechseln, allen voran Loki. Sie verwandeln sich in Vieh, in Vögel oder in Menschen. Im vorigen Kapitel haben wir gesehen, dass es dem Riesen Utgardloki gelang, mit seinem Gestaltwandel Thor und Loki hinters Licht zu führen. Die folgende Geschichte erzählt Snorri Sturluson in der *Prosa-Edda*.

THOR UND HYMIR GEHEN FISCHEN

Die Schmach, die ihm Utgardloki bereitet hat, liegt noch nicht lange zurück, da beschließt Thor, erneut ins Land der Riesen aufzubrechen. Er tarnt sich als Knabe und macht sich eines Morgens ganz allein auf den Weg. Schließlich gelangt er zum Heim des Riesen Hymir, wo er übernachtet. Am Morgen erhebt sich der Riese, um fischen zu gehen. In seiner Verkleidung als Knabe bittet Thor den Riesen, ihn begleiten zu dürfen. Er würde ihn auch zurückrudern, bietet er an, doch der Riese winkt ab. »Du bist doch nur ein kleiner Junge«, grummelt er. »Ich fahre weit hinaus und werde dort lange bleiben … du frierst dich bloß zu Tode!«

Die herablassende Art des Riesen verärgert Thor. Er ist kurz davor, seine Verkleidung abzulegen und dem Riesen mit seinem Hammer ordentlich auf den Kopf zu schlagen. Gerade noch rechtzeitig fasst er sich wieder.

»Wenn Ihr mich mit Euch nehmt«, sagt er, weiterhin als Knabe auftretend, »müsst Ihr keine Rücksicht auf mich nehmen. Rudert so weit hinaus, wie Ihr wollt. Und dann lasst uns sehen, wer von uns als erster zurückkehrt.«

Der Riese grunzt und erklärt Thor, um Köder müsse er sich schon selbst kümmern. Der Gott sucht sich einen Ochsen, der Hymir gehört, und reißt ihm den Kopf ab. »Jetzt habe ich einen Köder«, erklärt er dem Riesen.

Sie beginnen zu rudern, bis Hymir schließlich erklärt, es reiche. Sie seien an der Stelle, an der er normalerweise fische. »Ich will aber weiter hinaus«, sagt Thor.

Also rudern sie weiter und weiter hinaus. Irgendwann sagt Hymir, sie seien in Gefahr, denn hier lauere die Midgardschlange. »Egal«, sagt Thor und rudert weiter. Endlich halten sie an und Thor befestigt den Schädel des Ochsen an seinem Haken.

Dann wirft er seine Schnur über dem tiefen Meer aus. Was dann geschieht, schildert Snorri so: »Es lässt sich guten Gewissens sagen, dass Thor dieses Mal die Midgardschlange nicht weniger hinters Licht führte, als es Utgardloki mit Thor getan hatte, um ihn dazu zu bringen, die Midgardschlange einzig mit der Kraft seines Arms anzuheben.«

Die Midgardschlange reißt ihr Maul auf und verschlingt den Kopf des Ochsen, dabei dringt der Haken ins Zahnfleisch ein. Der Schmerz lässt die Schlange dermaßen stark zucken, dass Thor mit beiden Fäusten gegen das Dollbord schlägt.

Wütend lässt Thor nun seine göttliche Kraft spielen und stößt mit beiden Beinen durch den Boden des Boots. Auf dem Meeresgrund stehend beginnt er nun, die Schlange an Bord des Boots zu ziehen beziehungsweise dessen, was von dem Boot übriggeblieben ist. Thor blickt direkt in die furchtbaren Augen des Biests, das die Welt einkreist. Hymir unterdessen ist ganz fahl geworden im Gesicht und der Schweiß tropft ihm von der Braue.

Thor greift seinen Hammer und holt zum Schlag aus. Das Metall funkelt im Licht der aufgehenden Sonne. Aber genau in diesem Moment greift Hymir sein Messer und kappt die Leine, sodass die Schlange freikommt. Aber noch während sie in den Fluten versinkt, wirft Thor seinen Hammer nach ihr. Manche sagen, er habe der Schlange dabei den Kopf abgeschlagen. Dann versetzt Thor Hymir einen solch gewaltigen Schlag hinter das Ohr, dass der Riese über Bord geht. Zu seiner wahren Größe herangewachsen watet Thor nun ans Ufer zurück, den Riesen und das Bootswrack lässt er hinter sich zurück. Auf diese Weise rächt sich Thor an den Riesen für die Erniedrigung, die ihm in der Festung Utgard zuteilgeworden war.

HYMIR, THOR UND DIE MIDGARD-SCHLANGE JÖRMUNGANDR

Von der Geschichte, wie Thor fischen ging, existieren mehrere Versionen. In der *Prosa-Edda* schildert Snorri eine Variante und sie ist auch Thema in *Hymiskwida*, einem der Gedichte aus der *Lieder-Edda*. Thor und die gewaltige Schlange Jörmungandr sind Feinde und es ist ihnen bestimmt, am Weltenende Ragnarök ihr finales Duell auszutragen. Wie wir bereits gesehen haben, gelang es Thor in Utgard – ohne es zu wissen –, die Schlange anzuheben.

In der *Hymiskwida* besuchen die Asen Hymir, denn sie haben gehört, dass er einen wundersamen Kessel besitzt, »eine Leuge tief«[*], der ausreichend Met für alle Asen auf einmal aufnehmen kann. Thor isst so viel, dass er und

---

[*] Eine Leuge ist ein altes Längenmaß und entspricht ungefähr der Strecke, die ein Wanderer in einer Stunde zurücklegen kann.

Hymir zusammen fischen gehen müssen, um weitere Nahrung heranzuschaffen. Das führt zu Thors Versuch, Jörmungandr zu fangen, und dazu, dass Hymir diesen Versuch vereitelt.

DAS HALSBAND BRISINGAMEN

Einmal verlässt die Göttin Freya mitten in der Nacht ihre Halle Sessrumnir. Niemand sieht sie gehen bis auf Loki, der ihr folgt. Sie geht und geht, passiert einen gefrorenen Fluss, überquert einen Gletscher und wandert durch karge Ebenen voller großer Felsen. Schließlich gelangt sie zu einem schmalen Pfad, der unter die Erde führt. Freya schlägt diesen Weg ein und Loki folgt ihr unbemerkt.

Der Pfad führt zur Schmiede der vier Zwerge Alfrigg, Dvalin, Grerr und Berlingr. Fasziniert von den wunderschönen Gegenständen, die in der Höhle herumliegen, hält die Göttin inne. Ein Schmuckstück fasziniert sie ganz besonders – ein Halsband aus Gold. Die verschlungenen Stränge bilden ein komplexes Muster, welches das Auge betört und die Seele anrührt.

Freyas Herz ist von Verlangen nach diesem Objekt erfüllt. Sie wirft ihren Mantel beiseite, woraufhin auch die Zwerge von einem Verlangen erfüllt werden, aber sie verlangen nach der schönen Göttin.

»Ich will das Halsband«, erklärt sie den Zwergen. »Ich gebe euch, was auch immer ihr euch wünscht, wenn ihr es mir schenkt.«

Die vier Zwerge beraten sich untereinander und wenden sich dann mit einem hämischen Grinsen zu ihr. »Es gibt nur eines, was wir uns wünschen«, sagt ihr Anführer. »Das ist die Gunst der Göttin Freya, der schönsten aller Asen.«

Freyas Herz ist von Hass auf die Zwerge erfüllt, aber gleichzeitig nagt an ihr der Wunsch, dieses Halsband zu besitzen. »Einverstanden«, stimmt sie zu.

Loki beobachtet alles, was geschah. Vier Tage und vier Nächte lang schläft Freya abwechselnd mit jedem der Zwerge. Am Ende ihres Martyriums legt man ihr das Halsband um ihren schlanken Hals, sie verlässt die Höhle und kehrt in ihre Halle zurück.

Allerdings ist Loki vor ihr in Asgard eingetroffen. Er baut sich vor Odin auf und berichtet dem einäugigen Gott von Freyas Betrug. Dann reizt er Odin, indem er erklärt, der Gott sei wohl nicht nur auf einem Auge, sondern auf beiden Augen blind, wie hätte etwas Derartiges sonst geschehen können. »Wo war deine Sehkraft, oh du Hoher?«, spottet er. »Verfügst du nicht mit Hugin und Munin über zwei Raben, die dir von allem berichten, was sich in der Welt zuträgt? Hast du geschlafen, als sie dir von Freya und ihrem schamlosen Umgang mit den Zwergen berichteten?«

Wütend brüllt Odin Loki an und fordert: »Bring mir das Halsband. Zu oft hast du uns Götter gegeneinander aufgestachelt. Jetzt verlange ich von dir – bring mir das Halsband.«

Eingeschüchtert willigt Loki ein zu tun, wie ihm von Odin geheißen. Er geht zu Freyas Halle, aber sie ist versperrt. Daraufhin verwandelt sich Loki in eine Fliege und umkreist auf der Suche nach Zugang die Halle. Schließlich findet er eine winzige Öffnung, durch die er sich quetschen kann. Drinnen schläft Freya tief und fest, das Halsband noch immer um ihren Hals.

DER ZAUBERSTEIN
VON BRISINGAMEN

1960 veröffentlichte der englische Autor Alan Garner den für Kinder gedachten Roman *Der Zauberstein von Brisingamen*. Er bediente sich für den Begriff »Brisingamen« bei der nordischen Mythologie, aber die Handlung selbst hat überhaupt nichts mit Skandinavien zu tun. Es handelt sich vielmehr um eine Fantasy-Geschichte von zwei Kindern, die in einer Auseinandersetzung mit Kräften der dunklen Magie gefangen sind. Das Werk war der Auftakt für eine Serie hochgelobter Romane, bei denen Garner mit einer Mischung aus Begriffen aus der skandinavischen und der keltischen Mythologie arbeitet. Diese Begriffe werden allerdings mit einer ganz anderen Bedeutung als der ursprünglichen verwendet.

Loki verwandelt sich in einen Floh und beißt die Göttin, sodass sie sich in ihrem Bett hin und her wälzt, bis schließlich der Verschluss des Halsbandes offen liegt. Daraufhin nimmt Loki seine eigene Gestalt an, stibitzt vorsichtig das Halsband und flieht eilig aus der Halle.

Als die Göttin am Morgen erwacht, greift sie nach ihrem Halsband und muss feststellen, dass es verschwunden ist. Wütend stürmt sie daraufhin zu Odin, den sie hinter dem Diebstahl vermutet: »Gib mir mein Halsband zurück«, fordert sie.

Daraufhin muss sie sich eine Standpredigt anhören. Der einäugige Gott schilt sie für das, was sie mit den Zwergen getan hat. Es gebe für sie nun bloß eine einzige Möglichkeit, das Halsband, für das sie ihren Körper verkauft hat, zurückzuerlangen: »Bring Krieg über Midgard!«, sagt er. »Hetze zwei Königreiche gegeneinander auf! Aber lass jeden Tag, wenn die Sonne untergeht, die auf dem Schlachtfeld Gefallenen wiederauferstehen, damit sie am nächsten Tag erneut in den Kampf ziehen können.«

So groß ist ihre Sehnsucht nach dem Halsband Brisingamen, dass Freya zustimmt.

BRISING

Der Ursprung des Begriffs »Brisingamen« ist unbekannt. Das Halsband verwendet der Dichter Ulfr Uggason, der im 10. Jahrhundert lebte, in seinem Gedicht *Husdrapa*. Später taucht es auch in der *Sörla Thattr* auf, die zum *Flateyjarbok* gehört, einer Handschriftensammlung aus dem frühen 15. Jahrhundert.

Einigen Berichten zufolge handelt es sich bei Brisingamen nicht um ein Halsband, sondern um einen Gürtel. In

Gods and Myths of Northern Europe schreibt die Forscherin H. R. Ellis Davidson allerdings, die Nachsilbe »-men« stehe für Schmuck, der um den Hals getragen wird.

Snorri Sturluson schreibt, das Halsband habe Freya gehört. Diese Information hatte er möglicherweise aus der *Husdrapa*.

Was nun aber bedeutet *brising*? Das kann niemand genau sagen. Möglicherweise handelt es sich um einen nordischen Stamm. Andererseits ist *brisingr* im Altnordischen der Begriff für Feuer. Möglicherweise war Freyas Halsband feurig und funkelte wie eine Flamme.

Dass Freya mit vier hässlichen Zwergen schlief, um an das Halsband zu kommen, überrascht nicht, ist sie bei den Göttern doch für ihre Promiskuität bekannt. Loki behauptet, Freya habe sämtliche Götter und Elfen als Geliebte gehabt, allerdings kann es sich dabei auch wieder nur um einen seiner üblichen Versuche handeln, Ärger zu stiften. Loki ging sogar so weit zu behaupten, Freya sei mit ihrem Bruder Freyr eine inzestuöse Beziehung eingegangen. Wikinger, die sich mit Beziehungsproblemen plagten, riefen oftmals Freya um Unterstützung an.

Der letzte Teil der Geschichte ist insofern wichtig, als er dazu führt, dass Freya die Hälfte aller gefallenen Krieger zugeschlagen werden, während die andere Hälfte Odin gehört. Die Vorstellung, sie müsse Krieger, die auf dem Schlachtfeld blieben, wieder zum Leben erwecken und erneut in den Kampf schicken, hängt möglicherweise damit zusammen. Über die genauen Hintergründe schweigen sich die Erzähler allerdings aus.

HRUNGNIR UND THOR

Odin dem Allessehenden kommt es in den Sinn, die Riesen zu besuchen, also besteigt er sein achtbeiniges Pferd Sleipnir und galoppiert über Hügel und durch Täler, bis er zu der Unterkunft eines Riesen namens Hrungnir gelangt. Als der Riese sich erkundigt, wer er denn sei, beginnt Odin zu prahlen: »Mein wackeres Ross sucht seinesgleichen!«, rief er.

Darauf erwidert Hrungnir: »Da irrst du dich, denn ich selbst habe ein Pferd namens Gullfaxi, das größere Schritte als Sleipnir machen kann. Sein Name bedeutet ›goldene Mähne‹.«

Voller Verachtung reißt Odin sein Pferd herum und jagt den Weg zurück, den er gekommen war. Hrungnir jedoch will dem Gott seine Prahlerei nicht ungestraft durchgehen lassen, also schwingt er sich auf Gullfaxi und galoppiert Odin hinterher. Wie Sternschnuppen schießen die beiden über das Land. Gullfaxi ist unglaublich schnell, aber Odins achtbeiniges Ross holt es dennoch nicht ein. So schnell rasen die Reiter über das Land, dass Hrungnir, ehe er es sich versieht, nach Asgard hinein reitet.

Dort versammeln sich die Götter um ihn und reichen ihm, da er nach etwas zu trinken verlangt, Thors Trinkschüsseln. Erstaunt sehen sie mit an, wie der Riese die

Trinkschüsseln vollständig leer, aber er wird davon auch völlig trunken und beginnt wieder mit seinen Prahlereien.

»Ich nehme Walhalla mit und trage es ins Land der Riesen«, krakeelt er. »Ich werde Asgard zerstören und euch Asen allesamt erschlagen.« Er wendet sich an Freya und Sif: »Bis auf euch – euch nehme ich mit in meine Halle.«

Kurz darauf stürmt Thor wütend in die Halle: »Was macht der hier?«, ruft er fordernd. »Warum habt ihr ihn eingeladen, mit uns Asen zu trinken? Und warum bedient Freya ihn, als wäre er einer der unseren?«

Zornig starrt Hrungnir Thor an. »Hätte ich doch nur daran gedacht, meine Waffen mitzuführen«, sagt er. »Dann stünden wir jetzt zum Duell in Griottunagardr (»die Grenze der Steinfelder«). Ich bin auf Einladung des Odins hier und du wirst nicht so unehrenhaft sein, einen unbewaffneten Mann anzugreifen.« Die Vorstellung eines Duells fasziniert Thor, denn bislang hat ihn noch nie jemand zum Zweikampf herausgefordert. Also erhebt sich der Riese, verlässt die Halle und reitet geschwind auf seinem schnellen Ross heimwärts. Als die anderen Riesen von dem bevorstehenden Duell hören, denken sie sich: »Wenn es Hrungnir nicht gelingt, gegen Thor zu gewinnen, dann wird es keinem von uns besser ergehen.«

In Griottunagardr bauen die Riesen einen gewaltig großen Mann aus Lehm mit einem steinernen Kopf. Auch sein Schild ist aus Stein gemacht und er steht neben dem Riesen und wartet auf das Erscheinen Thors. Als er den Lehmmann sieht, packt den Donnergott die Furcht und er macht sich vor Angst in die Hosen.

HRUNGNIRS TOD

Der Riese steht neben dem Lehmmann und hält einen gewaltigen Wetzstein in der Hand, während er auf den Angriff des Donnerers wartet. Da tritt ein junger Mann, Thors Leibdiener Thialfi, an Hrungnir heran und sagt: »Thor gräbt sich durch die Erde und wird unter Euch auftauchen. Stellt Euch auf Euer Schild, wenn Ihr das verhindern wollt.«

Zunächst hört Hrungnir auf den jungen Mann, aber dann sieht und hört er Blitz und Donner und erkennt, dass Thialfi ihn belogen hat. Als nächstes macht er in weiter Entfernung Thor aus, der auf ihn zuläuft. Der Donnergott schwingt seinen Hammer Mjölnir und schleudert ihn gegen den Riesen.

Dieser wiederum wirft seinen Wetzstein, der im Flug auf Thors Hammer prallt. Der Wetzstein zerbricht in zwei Teile. Ein Teil fällt auf die Erde hinab und von ihm stammen alle Wetzsteine der Menschen ab. Der andere Teil des Wetzsteins trifft Thor am Kopf und streckt ihn nieder. Gleichzeitig jedoch schlägt Mjölnir gegen Hrungnirs Kopf und zerschmettert ihn. Hrungnir stürzt zu Boden, wobei sein Bein auf den auf dem Rücken liegenden Thor fällt und ihn festnagelt. Thialfi versucht, das Bein des toten Riesen zu bewegen, aber es gelingt ihm nicht. All die anderen Asen versuchen es, aber keiner von ihnen hat Erfolg.

Schließlich tritt auch Magni heran, das Kind von Thor und der Riesin Jarnsaxa. Obwohl Magni erst drei Jahre alt ist, schiebt er das Bein problemlos beiseite und sagt zu seinem Vater: »Leider war ich nicht hier, sonst hätte ich den Riesen mit einem Schlag meiner Faust besiegt.«

Thor setzt sich auf und begrüßt seinen Sohn aufs Herzlichste. Als Belohnung für seine Hilfe schenkt er ihm Hrungnirs Ross Gullfaxi, auch wenn Odin erklärt, es sei nicht recht, das Pferd dem Sohn einer Riesin zu schenken.

Unterdessen steckt noch immer der Wetzstein in Thors Schädel. Eine Wahrsagerin namens Groa versucht, ihn mit Magie herauszuholen, und tatsächlich beginnt sich der Wetzstein zu bewegen. Thor ist froh, glaubt er doch, schon bald von dem Fremdkörper in seinem Schädel befreit zu sein. In seiner Freude erzählt er Groa die Geschichte, wie er ihren Ehemann Örwandil den Kecken aus dem Land der Riesen rettete, als dieser noch ein Säugling war. Schon bald werde Örwandil zu ihr zurückkehren, erklärt Thor ihr. Daraufhin erfüllt Groa ein so großes Glück, dass sie ihre Zaubersprüche vergisst, und so bleibt der Wetzstein in Thors Kopf. Es heißt, wenn jemand einen Wetzstein über den Boden wirft, bewegt sich auch der Stein in Thors Kopf und der Gott stöhnt vor Schmerz.

QUELLEN DIESER GESCHICHTE
Snorri Sturluson schildert diese Geschichte in dem *Skaldskaparmal* betitelten Abschnitt der *Prosa-Edda*. Dort findet

sich auch die Geschichte von Sigurd dem Drachentöter, mit der wir uns in einem späteren Kapitel befassen.

Die Erzählung erinnert uns daran, dass Kämpfe und Konflikte einen zentralen Platz in der Mythenwelt der Wikinger einnehmen. Wir erinnern uns: In dem Bericht über Walhalla heißt es, dass die dort versammelten Helden ihre Zeit mit Zweikämpfen verbringen. Das erklärt auch, warum Thor so begierig darauf ist, sich mit Hrungnir zu duellieren. Gleichzeitig ist die Geschichte eine Erinnerung an die Schwankungen, denen das Verhältnis zwischen Asen zu Riesen unterliegt. Hier zum Beispiel wird Hrungnir zunächst von Odin in Asgard als Gast willkommen geheißen. Er stehe unter Odins Schutz, erklärt der Riese Thor.

DER GOLEM

Der gewaltige Lehmmann, den die Riesen Hrungnir als Begleiter für den Zweikampf mit Thor zur Seite stellen, erinnert an den Golem aus der jüdischen Mythologie. Der Golem ist ein Wesen aus Schlamm oder Lehm, dem durch Magie Leben eingehaucht wird. Im Talmud heißt es in der Schöpfungsgeschichte, Adam sei als Golem erschaffen worden und Gott habe ihm Leben eingehaucht.

DIE RIGSTHULA

Der Gott Rig bereist die Küste von Midgard, blickt hinaus auf das Meer, das sich bis zum Horizont erstreckt, und lauscht Wind und Wellen. Als die Nacht anbricht, kommt er zum Hof eines Paares, Ai und Edda. Er klopft an ihre Tür und fragt nach einem Schlafplatz für die Nacht und eine Mahlzeit. Widerwillig lassen sie ihn herein und servieren ihm eine karge Mahlzeit, die schlecht zubereitet ist. In jener Nacht schläft Rig zwischen den Eheleuten. Neun Monate später bringt Edda einen Jungen zur Welt. Seine Haut ist dunkel und er ist stark, aber hässlich. Ai und Edda nennen ihn Thrael (»Diener«). Als er groß ist, heiratet er eine Frau namens Thir (»Sklavenmädchen«). Die beiden haben zwölf Söhne und neun Töchter. Das ist der Ursprung des Geschlechts der Thräl (»Knechte«), die die anderen Bewohner Midgards bedienen.

DIE ZWEITE NACHT

In der zweiten Nacht seiner Reise kommt Rig zu einem anderen Hof. Dort leben Afi und Amma. Wieder bittet er um eine Mahlzeit und eine Schlafstatt. Dieses Mal wird ihm gutes Essen serviert und das Paar bewirtet ihn fröhlich. Das Feuer wärmt, das Bett ist weich. Rig schläft zwischen Ehemann und Eheweib und geht am nächsten Morgen seiner Wege. Neun Monate später gebiert Amma einen Knaben, den sie Karl (»der Freie«) nennen. Als er alt genug ist, heiratet Karl das Mädchen Snör (»Schwiegertochter«). Karl und Snör bekommen zwölf Söhne und zehn Töchter, das sind die Urahnen der freien Bauern, Handwerker und Arbeiter.

DIE DRITTE NACHT

Auch am dritten Tag seiner Unternehmung reist Rig entlang der Küste von Midgard. Da gelangt er zu einem großen Haus, einem echten Anwesen. Auch dort bittet er um Unterkunft und etwas zu essen. Fadir und Modir, die Bewohner des Anwesens, servieren ihm ein echtes Festmahl. Der Wein funkelt rubinrot, das Fleisch ist schmackhaft und gut zubereitet. Neun Monate später bringt Modir einen Jungen zur Welt, den die Eltern Jarl (»Graf«) rufen. Sein Haar ist blond, sein Äußeres ansprechend. Als Jarl alt genug ist, zum Mann erzogen zu werden, erscheint Rig erneut vor den Toren des Anwesens.

»Der Junge ist mein Sohn«, erklärt er und nimmt Jarl mit. Rig bringt ihm vieles bei, lehrt ihn die Runen zu lesen und wie man kämpft. Jarl heiratet Erna, die Tochter des Hersir. Sie haben zwölf Söhne, aber keine Töchter. Die Söhne werden die Urahnen adliger Krieger.

KAPITEL ZEHN

Lokis Verrat

Wohl kein anderer Wikingergott ist dermaßen unbeliebt wie Loki. Loki ist launisch, gewalttätig, unzuverlässig und er spielt gerne Streiche, die ins Grausame ausarten können. In diesem Kapitel werden wir sehen, dass einige seiner »Späße« ganz furchtbar danebengehen. Loki ist derjenige, der das aufgeblähte Ego der Götter zum Platzen bringt. Er setzt ihnen ständig zu und zeigt ihnen ihre Grenzen auf. Warum die Götter dieses oder jenes tun, lässt sich in den meisten Mythen sehr gut mit deren Charakter und deren Motiven erklären. Nicht so bei Loki. Als er Sifs Haar stiehlt, tut er das nicht, weil er damit etwas erreichen möchte, sondern weil es ihm gerade in den Sinn kommt. Viele seiner Handlungen haben etwas Kindisches an sich und die Geschichten in diesem Kapitel zeigen die unschuldige – und oftmals komische – Seite seiner Boshaftigkeit, aber auch die Fälle, in denen es tragisch endet.

THORS HAMMER WIRD GESTOHLEN

Eines Tages wacht Thor auf und greift, wie er es gewohnt war, nach seinem Hammer Mjölnir. Doch er greift ins Leere, der Hammer ist verschwunden! Empört schreit und tobt der Donnerer, aber es ändert nichts – kein Hammer weit und breit.

Thor wendet sich hilfesuchend an Loki, denn wenn sich jemand mit durchtriebenen Machenschaften und Diebstahl auskennt, dann doch wohl der Trickser Loki. Loki wiederum wendet sich an Freya und sagt: »Leihst du mir deine Falkenhaut, damit ich nach Thors Hammer suchen kann?«

»Und wäre sie auch aus Gold, ich würde sie dir geben«, ruft die Göttin. Genau wie die anderen Asen und Wanen weiß nämlich auch sie nur zu gut, dass es Thors Hammer ist, der die Götter vor den Angriffen der Riesen schützt.

So verkleidet sich Loki als Falke und fliegt rasch dahin, bis er in das Land der Riesen gelangte. Dort stößt er hinab zum Hofe des Thrym, einem König unter den Riesen. »Hast du Mjölnir gestohlen?«, fragt er, nachdem er seine eigene Gestalt wieder angenommen hat.

Thrym lacht. »Soweit ist es also unter den Göttern bereits gediehen«, spottet er. »Ja, ich habe euren kostbaren Mjölnir. Acht Meilen unter der Erde habe ich ihn vergraben und ihr werdet ihn nie zurückbekommen, sofern ihr nicht meinen Preis bezahlt.«

»Und welcher Preis ist das?«, fragt Loki mit fester Stimme, denn er schmiedet bereits Pläne, wie er den Riesen dazu bewegen kann, den kostbaren Hammer zurückzugeben.

»Mein Preis ist Freya«, erklärt der Riesenfürst. »Willigt sie ein, werde ich Thor Mjölnir zurückgeben.«

Loki senkt den Kopf. »Mit dieser Kunde werde ich nach Asgard zurückkehren«, sagt er, verwandelt sich wieder in einen Falken und schwingt sich hinauf in den Wind. Rasch jagt er dahin, bis er die Heimstatt der Götter erreicht.

»Und?«, fragt Thor. »Hast du Mjölnir gefunden?«

»Ja«, erwidert Loki. »Die Riesen haben ihn und sie werden ihn nur dann zurückgeben, wenn Freya einwilligt, die Braut Thryms zu werden.«

Alle Götter schreien auf und wüten, aber Loki kommt eine Idee. »Wartet!«, sagt er. »Komm, Thor.«

»Was führst du im Schilde?«, fragt der Donnerer voller Argwohn, denn er kennt Loki gut.

»Freya wird nicht zu Thrym als seine Braut gehen – du wirst es«, sagt Loki. Daraufhin brechen alle Götter Asgards in Gelächter aus – alle bis auf Thor. Heimdall sagt: »Hängen wir ihm das Halsband Brisingamen um den Hals.« Und ein anderer Gott ruft: »Kleiden wir ihn, wie wir es mit jeder Braut täten. Hängen wir ihm einen Bund Schlüssel an die Hüfte.«

So wirft jeder lachend etwas ein. Sie nehmen den Donnerer und zwängen ihn in ein Brautkleid. Sie hängen ihm das Halsband Brisingamen um den Hals und befestigen einen Bund Schlüssel an seiner Hüfte.

»Und wen wirst du darstellen?«, grummelt Thor in Richtung Loki.

»Ich werde deine Kammerzofe sein«, sagt Loki ruhig. »Komm, machen wir uns auf den Weg.«

Also spannen Loki und Thor Thors Ziegenböcke an und reiten fort nach Jötunheim.

Daraufhin bricht Thrym in fieberhafte Aktivität aus. Er ruft: »Sie kommt! Breitet Stroh für sie aus! Bereitet das Schlafgemach!«

Als »Freya« eintrifft, begrüßt Thrym sie. Er führt sie an eine Tafel in der Halle, wo ein großes Festmahl vorbereitet wurde. »Setz dich dorthin«, sagt Thrym. »Alles, wonach dich gelüstet, soll dir gebracht werden.«

Nach der langen Reise ist Thor doch recht hungrig, also ruft er: »Einen Ochsen!« Und so wird ihm ein ganzer Ochse serviert. Noch immer als Freya verkleidet, verschlingt Thor den ganzen Ochsen, während Thrym ihm verblüfft dabei zusieht.

»Mehr«, ruft Thor/Freya. Daraufhin serviert man ihm alle Leckereien, die für Frauen reserviert sind, und auch die schlingt er in sich hinein. Dann leert er unter den erstaunten Blicken von Thrym und den anderen versammelten Riesen drei Hörner Met.

»Hat man je eine Braut mit dermaßen viel Hunger und Durst gesehen«, murmelt Thrym zu einem neben ihm sitzenden Riesen. Dann lehnt er sich hinüber zu seiner Braut und lupft ihren Schleier, doch Thors Augen sind nicht so sanft und rehgleich wie die von Freya. »Ihre Augen sind wie brennende Kohlen«, ruft Thrym und fährt zurück.

Loki lehnt sich hinüber und sagt leise: »Nehmt es ihr nicht übel, Herr. Acht Tage und acht Nächte lang hat sie nicht geschlafen, so stark brennt in ihr das Verlangen nach Euch.«

Thryms Schwester unterdessen erlaubt sich eine Frechheit: Sie fordert von der Braut eine Aussteuer. »Gib mir die Rotgoldringe, die du trägst«, sagt sie. »Erst dann kannst du meine Liebe gewinnen.«

Aber Thrym beachtet sie gar nicht. Er wendet sich an seine Diener und sagt: »Holt Mjölnir, den Hammer des Thors. Meine Braut soll ihn zwischen die Beine nehmen« – dazu lacht er schmutzig –, »dann legen wir unser Ehegelübde ab und ich führe sie zu Bett.«

Als die Diener in die Halle zurückkehren, tragen sie Mjölnir herein, den Hammer des Donnerers. Als er das ihm gestohlene Eigentum sieht, schlägt Thors Herz schneller. Er schleudert den Schleier fort, erhebt sich und packt den Griff des Hammers. Zur Verblüffung der versammelten Riesen steht nun kein anderer als Thor der Donnerer vor ihnen, der Sturmbringer und Erzfeind der Riesen. Mit einem einzigen Schlag streckt er Thrym nieder und zerschlägt ihm den Schädel. Dann befasst sich Thor mit dem Rest der Gesellschaft und lässt keinen einzigen von ihnen am Leben.

DIE THRYMSKVIDA

Es gibt nur eine einzige Quelle für diese Geschichte und das ist die *Thrymskvida*, eines der Gedichte in der *Lieder-Edda*. Die Geschichte ist humorvoller als viele andere Wikingermythen, denn Thor muss sich hier als Frau verkleiden und Thrym und die anderen Riesen hinters Licht führen. In dieser Erzählung spielt Loki eine durchaus positive Rolle.

DIE EYRARLAND-STATUE

Zu den bekanntesten Darstellungen Thors gehört die sogenannte Eyrarland-Statue. Sie stammt etwa aus dem Jahr 1000 und zeigt den Gott mit einem konischen Helm, wie er mit beiden Händen Mjölnir greift. Eine Theorie besagt, dass Thor hier in dem Moment dargestellt wird, als er Mjölnir gerade von Thrym erhalten hat, also kurz bevor er den Riesen und die gesamte Hochzeitsgesellschaft tötet.

Einige Gelehrte haben die Theorie aufgestellt, dass es sich hier um eine christliche Parodie der skandinavischen Götter handelt, so uncharakteristisch ist der Humoranteil in dieser Geschichte. Andere Fachleute dagegen vermuten, dass dies eines der ältesten Lieder der Edda ist.

IDUNS ÄPFEL WERDEN GESTOHLEN

Zu den wundersamsten Dingen in Asgard zählen die Äpfel von Idun. Es handelt sich dabei um Äpfel, die die Göttin Idun bewacht, die Gemahlin des Gotts Bragi. Das Besondere an ihnen: Solang die Asen und Wanen sie essen, altern die Götter niemals.

DER ADLER UND DER DIEBSTAHL

Eines Tages reisen Loki, Odin und Hönir durch Midgard. Sie kommen zu einer Herde Ochsen und da sie hungrig sind, greifen sie sich eines der Tiere, schlachten es und bereiten es in einem Erdofen zu. Nach einer Weile holen sie das Fleisch aus der Grube, aber es ist nicht gar. Tatsächlich wirkt es, als sei es überhaupt nicht im Feuer gewesen.

»Das ist merkwürdig«, sagt Allvater Odin. Erneut legen sie das Fleisch in den Erdofen und warten dieses Mal noch länger. Als sie es schließlich herausholen, scheint es erneut, als sei das Fleisch überhaupt nicht erhitzt worden. Wütend stoßen sie es noch einmal in den Erdofen und warten. Doch das Resultat ist dasselbe.

Die drei Götter hören ein Geräusch über sich und sehen einen Adler, der in einem Baum sitzt. »Lasst mich fressen, soviel ich mag, und ich werde dafür sorgen, dass euer Fleisch gegart ist«, bietet der Adler an.

Die drei Asen besprechen sich, dann willigen sie in den Vorschlag des Adlers ein. Daraufhin fliegt der Adler auf den Boden. »Legt das Fleisch zurück in den Erdofen«, weist er sie an und sie tun wie geheißen. Als sie es erneut herausholen, ist es perfekt zubereitet. Appetitanregender Saft tritt aus und ein wohlriechendes Aroma erfüllt die Luft.

»Jetzt müsst ihr euch an die Abmachung halten«, ruft der Adler. Er öffnet den Schnabel und verschlingt die beiden Vorderbeine und die beiden Hinterbeine des Ochsen.

»Das reicht«, donnert daraufhin Loki, springt auf die Füße und schlägt mit seinem Stab nach dem Vogel. Er hat auch Erfolg – überrascht und voller Schmerzen lässt der Vogel das Fleisch fallen und schwingt sich in die Lüfte, obwohl ihm der Stab in der Seite steckt. Loki stellt fest, dass er den Stab nicht loslassen kann, und so wird er mit in die Lüfte getragen.

Wütend schreit er den Vogel an, ihn freizugeben, aber der Adler schlägt bloß mit den Flügeln und fliegt mitsamt seiner Last davon. Absichtlich fliegt er dabei möglichst knapp über den Boden, sodass Loki gegen Felsen geschleudert wird, gegen Äste und Zweige der Bäume prallt und durch Dornbüsche gezogen wird, die ihm den Leib zerkratzen und die Kleidung zerreißen. Er fleht um Gnade, aber der Adler beachtet ihn gar nicht. Erst nach einer Weile spricht er zu Loki: »Wenn du freigelassen werden willst, trage die Äpfel von Idun aus Asgard heraus.« Loki weint vor Schmerz und willigt rasch in die Forderung des Adlers ein.

»In sieben Tagen wirst du Idun mittags über Bifröst führen«, sagt der Adler. Lokis Griff um den Stab löst sich und er stürzt zu Boden. Dann macht sich Loki auf den Rückmarsch zu seinen Gefährten und legt sich unterwegs bereit, was er ihnen erzählen würde.

Sieben Tage später sucht Loki Idun auf, die gerade spazieren geht und dabei den Korb mit den magischen Äpfeln am Arm trägt. »Komm mit mir, Idun«, sagt er. »Ich zeige dir einen wundersamen Baum, den ich entdeckt habe.«

ÄPFEL IN DER MYTHOLOGIE

Äpfel sind in der Mythologie ein sehr beliebtes Obst. Die verbotene Frucht im Garten Eden wird zumeist als Apfel dargestellt (auch wenn in der Bibel überhaupt nicht die Rede von einem Apfel ist). Schneewittchen wird durch einen Apfel vergiftet, den ihr die böse Stiefmutter gibt. Und Iris, die Göttin des Zwists, arbeitet mit einem goldenen Apfel, um die griechischen Göttinnen gegeneinander aufzuhetzen (Stichwort: Urteil des Paris, letztlich der Auslöser für den Trojanischen Krieg).

Idun ist ein unschuldiges und vertrauensseliges Geschöpf, deshalb folgt sie auch völlig unbesorgt Loki durch die Tore Asgards hinaus auf die Brücke Bifröst. Kaum jedoch haben die beiden Midgard erreicht, verdunkelt sich der Himmel. Gewaltige Flügel schlagen und werfen die Götter beinahe um. Krallen greifen nach Idun und ihren Äpfeln, dann trägt der Adler sie fort ins Land der Riesen, denn bei dem Adler handelt sich um keinen anderen als den Riesen Thiazi, der die Gestalt gewechselt hat. Idun schreit und schreit, aber niemand in Asgard kann sie hören, nicht einmal ihr Gemahl Bragi.

Thiazi freut sich diebisch über seinen neuen Schatz. Er weiß: Ohne die magischen Äpfeln werden die Götter alt und schwach, während ihm ewige Jugend bevorsteht. Und tatsächlich altern die Götter ohne die Äpfel der Idun wie die Menschen. Sie schrumpfen und stolpern kraftlos herum, anstatt auf der Suche nach der vermissten Idun die neun Welten abzusuchen. Ihre Haut wird ganz faltig, ihre Hände krumm und gelähmt. Selbst ihr Geist beginnt zu verknöchern.

ODIN BERUFT DEN RAT EIN

Odin sammelt seine Kräfte und ruft einen Rat der Götter ein. »Wir müssen nach Idun suchen!«, erklärt er. »Ohne ihre Äpfel sind wir nichts als alte Männer und Frauen. Wer hat Idun als Letztes gesehen?«

Heimdalls Leibeigener sagt: »Ich habe gesehen, wie Loki sie über Bifröst führte.« »Loki!«, murmelt Odin. »Er steckt dahinter. Wir müssen ihn fangen!«

Also suchen die Götter Asgard nach Loki ab. Schließlich entdecken sie ihn schlafend in Iduns Feld. Sie fesseln ihn und schleppen ihn vor Odin.

Der Allvater sitzt auf dem Thron in Valaskjalf, seinem Palast mit dem silbernen Dach. Wütend funkelt er Loki an. »Was hast du mit Idun angestellt?«, will er wissen. »Ohne ihre Äpfel werden wir alt, du Narr! Wir wissen, dass du sie aus Asgard hinausgeführt hast. Bring sie zurück oder dein Leben ist verwirkt!«

»Es stimmt, ich habe sie aus Asgard hinausgeführt«, erwidert Loki. »Aber mir blieb keine andere Wahl.« Rasch erzählt er den versammelten Göttern von seinem Aufeinandertreffen mit dem Adler und von dem Handel, den er gezwungenermaßen einging, um sein eigenes Leben zu retten.

Odin faucht ihn an: »Du hättest dein Versprechen nicht einhalten müssen. Ich sollte dir einen Blutaar auf den Rücken zeichnen und dir deine Lungen herausreißen.«[*]

Loki schreckt zurück vor dem Zorn des Allvaters. »Ich werde Idun und ihre Äpfel finden und sie zurückbringen«, sagt er. »Ich bitte nur darum, dass mir Freya ihre Falkenform leiht.«

»Ich leihe dir alles, was du benötigst, um die Äpfel zurückzuholen«, krächzt Freya. Ihr einstmals so wunderschönes Gesicht ist nun voller Falten und tief zerfurcht von den Spuren des Alters.

Loki blickt sie an und lacht: Ihr fällt das Haar aus. »Die Schönste bist du nicht mehr. Jetzt bist du kahl«, sagt er.

Freya sagt nichts, aber goldene Tränen laufen ihr die Wangen hinab. Dann hockt sich Loki hin und breitet die

---

[*] Der Blutaar oder Blutadler war vermutlich eine besonders grausame Form der Hinrichtung bei den Wikingern. Dabei wurde dem Opfer der Rücken aufgeschnitten, die Rippen von der Wirbelsäule getrennt und wie Flügel zur Seite geklappt – daher auch der Name Blutadler. Ob dem noch lebenden Opfer während des Rituals zudem die Lungen herausgezogen wurden, ist ebenso umstritten wie die Frage, ob diese Art der Exekution tatsächlich ausgeübt wurde oder ob es sich dabei nur um eine literarische Ausschmückung zur Unterhaltung der Zuhörer handelt.

Arme weit aus. Federn sprießen aus seinem Rücken und seinen Armen, seine Nase verwandelt sich in einen scharfen Schnabel. Als Falke schwingt er sich in die Lüfte, dann ist er verschwunden.

IDUNS RETTUNG

Loki fliegt und fliegt, bis er Thrymheim erreicht. Thiazi und seine Tochter Skadi sind zum Fischen, aber Idun ist dort. Sie hat sich in ihrem Leid in der Halle in der Nähe des Feuers niedergekauert.

Mithilfe seiner magischen Kräfte verwandelt Loki Idun in eine Nuss. Dann packt er sie mit seinem Schnabel und jagt zum Fenster hinaus.

Augenblicke später betreten Thiazi und seine Tochter den Saal. »Wo ist Idun?«, brüllt der Riese. »Jemand hat sie geraubt!« Da erblickte er den davonfliegenden Falken: »Loki! Loki steckt dahinter!« In Windeseile nimmt er seine Adlerform an und macht sich an die Verfolgung.

Schneller und schneller fliegen die Vögel. So rasch schlagen sie mit den Flügeln, dass sie kaum noch auszumachen sind. Odin jedoch sitzt auf Hlidskialf und erkennt sie. Er ruft den anderen Göttern zu: »Loki kommt!« Er weist die Götter an, Feuer in ihren Hallen zu entzünden und Späne an den Wänden aufzuhäufen.

Loki schießt über die Mauer, die Asgard umgibt, direkt dahinter folgt Thiazi. »Jetzt«, ruft Odin und die Götter entzünden die Späne. Flammen lodern auf und setzen Thiazis

Flügel in Brand. Schreiend vor Schmerz stürzt er zu Boden und verwandelt sich in seine eigene Form. Thor geht zu ihm und zertrümmert ihm mit einem gewaltigen Schlag seines Hammers den Schädel.

Nun nimmt Loki wieder seine eigene Form an und lässt die Nuss vor Odins Füße rollen. Während er den Allvater süffisant anlächelt, beugt er sich über die Nuss und spricht ein Zauberwort, woraufhin schlagartig Idun vor ihnen steht. Sie sieht die Götter an und erkennt, welch jammervollen Anblick sie abgeben. Also zückt sie ihren Korb und alle greifen zu den Äpfeln.

QUELLEN

Die Geschichte, wie Iduns Äpfel gestohlen werden, kommt in der *Prosa-Edda* in der *Skaldskaparmal* vor. Der Korb, in dem Idun die Äpfel aufbewahrt, ist aus Esche – einem Baum, der in der Mythologie der Wikinger eine wichtige Rolle spielt, wie wir bereits gesehen haben.

Der Name Idun heißt vermutlich soviel wie »Verjünger-rer/in«. Sowohl Äpfel als auch Nüsse scheinen in den Ritualen der nordischen Menschen eine wichtige Rolle gespielt zu haben. Dafür spricht auch, dass Körbe mit beidem im Oseberg-Schiff gefunden wurden.

BALDERS TOD

Keiner der Götter ist so beliebt und so schön anzusehen wie Balder. Doch ihn quälen Träume, die seinen Tod zu prophezeien scheinen. Sein Vater Odin ist entschlossen, die Bedeutung dieser Träume herauszufinden, also schwingt er sich auf sein schnelles Ross Sleipnir und reitet von Asgard in die dunklen, kalten Tiefen Niflheims und sogar bis zu den Toren von Hel. Dort sucht er die Herrin von Hel auf und fragt sie, was der Traum zu bedeuten habe.

»Hödur wird deinem Sohn das Leben nehmen«, eröffnet sie ihm. »Rind wird bei dir liegen und euer gemeinsamer Sohn Vali wird Balder rächen. Loki wird gebunden sein und er wird seine Fesseln bis Ragnarök nicht abwerfen können. Und nun geh!«

Schweren Herzens kehrt Odin nach Asgard zurück und berichtet seiner Frau Frigg, was er hat in Erfahrung bringen können. Sie vergießt viele Tränen, dann erklärt sie: »Ich werde durch die neun Welten reisen und mir von jedem einen Eid schwören lassen, dass er unserem Sohn niemals wehtun wird.« Also reist sie von Asgard bis Niflheim und lässt alle Dinge – Wasser, Eisen, Stein – schwören, dem Kind von Odin und Frigg keinen Schaden zuzufügen.

Die Götter stellen den Eid auf die Probe: Einer wirft mit einem Stein nach Balder. »Ich spüre überhaupt nichts«, sagt Balder. Die anderen Götter lachen und werfen mit anderen Dingen nach Balder, aber nichts bereitet ihm Schmerz. Entzückt klatscht Frigg in die Hände – ihr Sohn ist sicher.

Nun stellt sich Balder an eine Wand von Gladsheim und die Götter werfen mit Pfeilen und Speeren nach ihm, doch nichts vermag ihm wehzutun. Alles prallt ab und fällt ihm zu Füßen. Selbst als sie mit Schwertern und Äxten auf ihn einschlagen, weigert sich das Metall, den Gott zu verletzen.

LOKIS GRAUSAMKEIT

Loki verfolgt das Geschehen voller Missmut. Er denkt in diese Richtung, er denkt in jene Richtung: Wie lässt sich in dieser Situation Unruhe stiften, das ist doch wie Essen und Trinken für ihn?

Schließlich hat er sich einen Plan zurechtgelegt. Er verkleidet sich als Frau und sucht Frigg auf, die in ihrer Halle Fensalir sitzt.

»Was treiben die Götter, o Herrin?«, fragt er. »Sie schießen mit Pfeilen auf Balder«, erwidert Frigg. »Aber warum denn?«, fragt Loki. »Seid ihr gar nicht besorgt um euren Sohn?«

»Nein«, antwortet die Göttin. »Nichts kann ihm Leid antun, denn alle Dinge haben einen Eid abgelegt, ihm nicht weh zu tun.«

»Alle Dinge, Herrin?«, fragt die Frau und Frigg erkennt nicht, wie begierig die Fremde dies in Erfahrung zu bringen sucht.

»Ein Ding habe ich nicht gefragt«, erwidert Frigg. »Während meiner Reisen sah ich einen Trieb der Mistel, aber der Trieb kam mir zu jung vor, um den von mir gewünschten Eid abzulegen.«

Loki weiß nun, was zu tun ist. Er zieht den Mistelzweig aus der Erde und trägt ihn dorthin, wo Hödur abseits der Götter steht. Die Götter sind noch immer mit ihrem Spiel beschäftigt und beschießen Balder.

»Warum machst du denn nicht mit?«, fragt Loki. »Weil ich blind bin«, erwidert Hödur.

»Das macht doch nichts«, sagt der durchtriebene Loki. »Ich werde deinen Pfeil leiten. Schieß mit diesem Stab.« Er reicht Hödur den Mistelzweig und führt dem blinden Gott die Arme, damit er sein Ziel nicht verfehle.

Schon fliegt der Mistelzweig von Hödurs Bogen. Er trifft Balder in der Brust wie schon die Geschosse der anderen Götter, aber zur allgemeinen Verblüffung durchdringt er Balders Haut. Balder taumelt, dann sinkt er zu Boden. Blut rinnt aus seinem Mund. Seine Brust hebt und senkt sich noch einmal, dann bleibt sie still.

Trauer bricht unter den Göttern aus – der Schönste der ihren ist tot! Alle wollen sich an Hödur rächen für das, was er getan hat, aber keiner wünscht sich noch weitere Gewalt in dieser Halle.

Frigg wird die traurige Kunde überbracht. Weinend beugt sie sich über den Leichnam ihres Sohns. »Vielleicht gibt es doch noch Hoffnung für meinen armen Balder«, sagt sie. »Wer von euch reitet nach Hel und bittet die alte Hexe, Balder nach Asgard zurückkehren zu lassen?«

Stille. Die Götter blicken einander an. Dann ergreift Odins Sohn Hermodr das Wort: »Ich werde gehen«, sagt er. »Ich werde darum bitten, dass mein Bruder sein Leben zurückerhält.«

DIE REISE NACH HEL

Odins achtbeiniges Ross Sleipnir wird herangeschafft. »Reite dieses Pferd«, sagt Frigg mit tränenüberströmtem Gesicht. »So gelangst du schneller nach Hel. Enttäusche mich nicht.«

»Das werde ich nicht«, sagt Hermodr und reitet aus Asgard hinaus.

Er reitet abwärts durch die neun Welten, so schnell er nur kann, bis er schließlich das dunkle, kalte Reich Niflheim erreicht. Dort gelangt er an das Tor von Hel und schlägt mit der Faust dagegen.

»Wer kommt da nach Hel?«, sagt eine Stimme.

»Hermodr aus Asgard!«

»Was wünschst du?«

»Ich bitte um eine Audienz bei Hel. Ich möchte sie um die Seele meines Bruders Balder bitten, des Schönsten der Götter.«

Das Tor öffnet sich und Hermodr reitet nach Hel hinein.

BALDERS BEGRÄBNIS

Unterdessen bereiten die Götter in Asgard Balders Begräbnis vor. Sie tragen seinen Leichnam zum Meer und legen ihn in Ringhorn, das größte aller Schiffe. Doch als die Götter versuchen, das Boot ins Meer zu schieben, bewegt es sich nicht.

Die Götter senden Kunde von ihren Problemen in das Land der Riesen und schon bald kommt eine Riesin namens Hyrrokkin heran. Sie packt den Bug des Boots und schiebt mit aller Kraft. Die Rollen unterhalb des Schiffs gehen in Flammen auf und der Boden bebt, aber schließlich gleitet das Boot ins Wasser.

Nun bricht Balders Weib Nanna durch die Gruppe der Götter am Ufer. Sie weint um ihren verlorenen Ehemann, windet sich vor Schmerz und ihre Tränen mischen sich mit dem Meereswasser. So groß ist ihr Leid, dass ihr das Herz birst und sie tot zu Boden sinkt. Klagend heben die Götter sie auf und legen ihren Leichnam auf den Scheiterhaufen zu ihrem geliebten Ehemann. Mittlerweile ist es am Strand sehr voll geworden, die Götter und viele andere haben sich dort versammelt. Asen, Wanen, Eisriesen und Hügelriesen – sie alle sind gekommen, um das Feuerbegräbnis Balders mitanzusehen, so beliebt ist Balder. Odin geht an Bord des Boots, streift den Ring Draupnir ab und legt ihn auf den Scheiterhaufen. Thor springt an Bord und wirft eine brennende Fackel in das Holz des Scheiterhaufens. Er hält Mjölnir in die Höhe, um das Feuerbegräbnis zu segnen.

In diesem Augenblick läuft ihm ein Zwerg vor die Füße. Wütend tritt Thor den Zwerg so hart, dass dieser ins Feuer fliegt und verbrennt. Der Rauch vom Scheiterhaufen steigt hinauf zum Himmel und breitet sich über alle neun Welten aus. Überall wird über das Ableben Balders geklagt.

HERMODRS REISE

Hermodr wird in die große Halle von Hel geführt und sieht dort Balder unter den Toten sitzen, neben sich Nanna. Einen Tag lang verbringt Hermodr dort, dann wird er vor Hel vorgelassen.

»Was ist dein Begehr?«, verlangt sie zu wissen.

»Die Seele meines Bruders Balder.«

»Warum?«

»Weil er unter allen Göttern Asgards der beliebteste ist.«

Hel sieht ihn scharfsinnig an: »Na schön«, sagt sie. »Wir werden deine Worte auf die Probe stellen. Wenn alle Dinge in den neun Welten um ihn weinen und ihn beklagen, soll er nach Asgard zurückkehren. Aber falls etwas – oder jemand – nicht weint, wird er hier bei mir bleiben.«

Hermodr stimmt zu und beginnt den langen Rückweg durch sämtliche Welten bis nach Asgard.

Dort berichtet er den Göttern von seiner Reise und Odin entsendet Boten in alle neun Welten, die jedes Wesen und sogar die Erde, das Holz und die Steine bitten, für Balders Freilassung zu beten.

So beliebt ist Balder, dass alle Wesen und alle Dinge nur zu gerne bereit sind. Sie beten für Balder und weinen um ihn.

Schließlich kommen die Boten auch zu einer Riesin namens Thökk, die in einer Höhle lebt. Sie bitten Thökk, für Balders Rückkehr aus dem Totenreich der Hel zu beten und seinetwegen zu weinen.

Verächtlich sieht Thökk daraufhin die Boten an und erklärt: »Meine Tränen für Balder werden wasserlos sein. Ich mochte ihn nie und ich werde nicht darum bitten, dass er zurückkehrt. Soll Hel behalten, was sie hat.«

Die Boten trauen ihren Ohren nicht und fragen Thökk noch einmal.

»Nein«, ruft sie wütend. »Und jetzt verschwindet!«

Die Boten kehren nach Asgard zurück und erklären Odin und Frigg, dass von allen Wesen in den neun Welten nur die Riesin Thökk nicht bereit ist, um Balder zu weinen und dass er deshalb in Hel bleiben müsse.

Düster sitzt Odin auf Hlidskialf. »Mir scheint es, dass diese Riesin einen ganz besonderen Grund dafür hat, die Götter und allen voran Balder zu hassen«, spricht er. Er denkt eine Weile nach, dann sagt er: »Ich glaube, es war überhaupt keine Riesin, die sich dieser Bitte verweigerte. Tatsächlich war es Loki, das hinterhältigste aller Wesen in Asgard. Er soll dafür bezahlen.«

LOKI WIRD GEFANGEN

Der Zorn der Götter gegen Loki kennt daraufhin keine Grenzen. Er hat ihnen schon früher Streiche gespielt, aber keiner ist so grausam gewesen wie derjenige, der zum Tode

Balders führte. Odin ist fest entschlossen, es nie wieder so weit kommen zu lassen.

Loki hat allerdings erfahren, dass Asen und Wanen wütend auf ihn sind. Er weiß, er muss sich verstecken, also flieht er auf einen Berg und baut sich dort eine Unterkunft mit vier Türen, sodass er in alle Richtungen sehen kann. Tagsüber verwandelt er sich in einen Lachs und versteckt sich hinter einem Wasserfall, aber abends sitzt er vor dem Feuer und webt ein Fischernetz.

Doch wenn Odin auf seinem Thron Hlidskialf sitzt, gibt es kein Verstecken. Die Asen stürmen in Richtung des Hauses, aber Loki hört sie kommen. Er wirft das Netz ins Feuer und läuft zum Wasserfall, wo er sich in einen Fisch verwandelt. Die Asen betreten das Haus und suchen alles ab, aber Loki scheint sich in Luft aufgelöst zu haben.

Dann bemerkt Kvasir, der klügste aller Götter, dass das Netz, das im Feuer verbrannt wurde, ein Muster hinterlassen hat.

DER LACHSSCHWANZ

Schenkt man dem Bericht in der *Prosa-Edda* Glauben, ist das der Grund, weshalb sich der Schwanz des Lachses zum Ende hin verjüngt.

»Seht doch, meine Brüder!«, ruft er. »Loki ist zu einem Fisch geworden.« Rasch weben die Götter nach dem Muster Lokis ihr eigenes Netz. Sie gehen zum Fluss und werfen das Netz aus. Thor hält das eine Ende, alle anderen Asen das andere Ende. Sie ziehen das Netz durch den Fluss bis zum Wasserfall, aber der ausgebuffte Loki hat damit gerechnet und versteckt sich zwischen zwei Steinen. Ein zweites Mal werfen sie das Netz aus, aber dieses Mal springt Loki über das Netz hinüber. Jetzt watet Thor ins Wasser hinaus und die Götter ziehen das Netz in seine Richtung. Loki versucht, sich rasch am Donnerer vorbeizuschlängeln, aber Thor greift nach ihm und packt ihn am Schwanz.

LOKIS SÖHNE

Als nächstes machen sich die Götter daran, Lokis Söhne Vali und Narfi zu fangen. Nachdem ihnen das gelungen ist, verwandelt Odin Vali in die Form eines Wolfs. In Wolfsform zerfleischt Vali seinen Bruder. Die Götter greifen sich die Eingeweide Narfis und fesseln Loki damit über drei Steinen, woraufhin sich seine Fesseln zu Eisen verwandeln.

Loki heult und bettelt, freigelassen zu werden, aber seine Worte fallen bei den Göttern auf taube Ohren. Zu lange sind sie Opfer seiner Streiche gewesen. Niemand vergießt auch nur eine Träne über sein Schicksal. Sie tragen Loki zu einer dunklen Höhle und lassen ihn dort.

Skadi bringt eine Giftschlange und befestigt sie so über Lokis Gesicht, dass das Gift in einem fort auf ihn herabtropft. Dann betritt Lokis Frau Signy die Höhle und muss miterleben, wie ihr Mann da gefesselt und hilflos hängt. Um ihm zu helfen, zieht sie eine hölzerne Schale hervor, um das Gift darin aufzufangen. Wann immer die Schüssel voll ist, trägt sie sie davon und schüttet das Gift in ein Felsbecken. Bis Signy zurückkehrt, tropft Loki das Gift ins Gesicht.

So begibt sich die Fesselung Lokis. Der Listenreiche wird gefesselt bleiben, bis Ragnarök anbricht.

KAPITEL ELF

Sigurd
der Wälsunge

Sigurd ist der wichtigste Held der Wälsungen-Saga. Die Saga, wie wir sie heute kennen, entstand im 13. Jahrhundert, aber sie spiegelt ganz offensichtlich deutlich ältere Traditionen wider, Traditionen, wie sie auch die Wikinger gekannt hätten. Viele der Gedichte in der *Lieder-Edda* befassen sich mit Charakteren, die auch in der Wälsungen-Saga auftreten.

Die Geschichte enthält zahlreiche Elemente der traditionellen Wikinger-Mythologie – wütende Götter, ein junger Mann, dessen Schicksal von den Göttern vorbestimmt ist, mysteriöse Artefakte und ein magisches Schwert. Gleichzeitig gibt es eine traurige Liebesgeschichte – traurig, weil Brynhilds Liebe für Sigurd unerfüllt bleibt – und einen verfluchten Schatz.

Ende des 19. Jahrhunderts wurde die Geschichte zum Thema eines langen Gedichts von William Morris. Der präraffaelitische Maler, Autor und Kunstgewerbler veröffentlichte die Geschichte als *The Story of Sigurd the Volsung and the Fall of the Niblungs* (»*Die Geschichte von Sigurd dem Wälsungen und dem Fall der Nibelungen*«). Die Erzählung nahm sehr starken Einfluss auf die Romane Tolkiens, wie man an zahlreichen gemeinsamen Elementen erkennt – dem Schwert, das von Vater auf Sohn übergeht, dem jungen Mann, der den Tod seiner Vorfahren zu sühnen sucht, und so weiter.

DIE WÄLSUNGEN

Sigurds Geschichte ist nur ein Teil einer größeren Erzählung, die in der Saga geschildert wird. Darin geht es um den Aufstieg und Untergang der Wälsungen. Die Geschichte setzt ein mit Sigi, einem Sohn Odins. Aus Eifersucht hatte Sigi Bregi getötet, einen Leibeigenen, woraufhin er aus seiner Heimat verbannt wurde. Doch auch in der Isolation stieg er in eine Machtposition auf. Er hat einen Sohn Rerir, der wiederum ebenfalls einen Sohn bekam – Wälsung. Der wurde zum König von Hunenland gekrönt und war ebenfalls ein mächtiger Mann.

Wälsung heiratete Liod, die Tochter eines Riesen. Sie bekamen zehn Söhne und eine Tochter. Einer der Söhne hieß Sigmund, die Tochter hieß Signy. Sie galten gleichermaßen als die Schönsten wie auch die Klügsten im ganzen Land. Wälsung errichtete eine große Halle, in deren Mitte ein Baum stand, dessen Äste sich ausbreiteten und mit dem Dach verschmolzen. Dieser Baum hieß Branstock.

Gotlands König Siggeir hielt um Signy an. Wälsung zögerte zunächst, aber als auch seine Tochter sich für die Hochzeit aussprach, willigte er schließlich doch ein.

Am Tag der Hochzeit versammelten sich die Gäste in Sigmunds Halle. Da betrat ein Mann, den niemand kannte, den Saal. Er trug ein großes Schwert und ohne ein einziges Wort ging er auf Branstock zu und versetzte dem Baum einen Hieb mit dem Schwert. Bis zum Griff versank das Schwert im Baum. Der Mann sagte: »Wer auch immer das Schwert aus diesem Baum zieht, soll es als Geschenk von mir behalten. Und er wird feststellen, dass er nie ein besseres Schwert in Händen hielt als dieses.« Mit diesen Worten verließ der alte Mann die Halle und niemand wusste, woher er gekommen war.

Alle Männer in der Halle legten Hand an das Schwert, aber keiner konnte es aus dem Baum ziehen. Dann legte Sigmund, Sohn des Wälsung, Hand daran. Seine Muskeln spannten sich, Schweiß trat ihm auf die Stirn. Mit einem gewaltigen Ruck zog er das Schwert aus dem Baum. Einige der Anwesenden wollten ihm das Schwert abkaufen, aber er weigerte sich. Er habe es herausgezogen, deshalb gehöre es ihm und nur er dürfe es führen, erklärte er.

DAS SCHWERT IM STEIN

Wer die Artus-Legende kennt, wird die Ähnlichkeiten zur Geschichte von Arthurs Schwert Excalibur bemerken. Excalibur steckte in einem Stein und es hieß, einzig der wahre König Englands könne es dort herausziehen. Viele Menschen versuchten es, aber nur Artus gelang es, woraufhin er zum Herrscher über England gekürt wurde.

DER BETRUG DES SIGGEIR

Signy erkannte sehr rasch, dass ihre Vermählung mit Siggeir ein Fehler gewesen war, denn wie sie feststellen musste, war sein Herz durch und durch verdorben. Sie flehte ihren Vater an, die Hochzeit für ungültig zu erklären, aber Wälsung weigerte sich. Also kehrten Siggeir und Signy nach Gotland zurück. Siggeir bat Wälsung und seine Söhne, das junge Paar in drei Monaten besuchen zu kommen. Zur vereinbarten Zeit brachen Wälsung und seine Söhne also nach Gotland auf, wo sie Siggeir willkommen hieß.

Aber Signy zog ihren Vater zur Seite und erzählte ihm, Siggeir wolle abwarten, bis sie wehrlos seien, und dann gegen sie losschlagen. »Du musst über das Meer zurücksegeln und solltest erst dann wiederkommen, wenn du die größtmögliche Heerschar um dich versammelt hast«, sagte sie ihm.

Ihr Vater erinnerte sie ernst daran, dass er geschworen habe, niemals vor einem Feind zu fliehen. Signy brach in Tränen aus und bettelte, nicht zu ihrem Gemahl zurückgehen zu müssen, aber ihr Vater erklärte ihr: »Du wirst als seine Gemahlin zu ihm zurückkehren, ganz egal, wie die Dinge mit uns verlaufen.«

Am nächsten Tag kam es, wie Signy gesagt hatte: Siggeir fiel über sie her und hätte sie alle erschlagen, wären sie unvorbereitet gewesen. So jedoch durchbrachen Wälsung und seine Söhne acht Mal die Reihen Siggeirs und stachen nieder und töteten, was sich ihnen in den Weg stellte. Doch dann fiel Wälsung an der Seite seiner Truppen und seine zehn Söhne wurden vom Feind gefangengenommen.

Jetzt flehte Signy ihren Herrn und Gemahl an, er möge ihre Brüder nicht gleich erschlagen, sondern sie erst in Fußfesseln legen lassen. Mürrisch willigte Siggeir schließlich ein. Die Brüder wurden tief in den Wald geführt, wo man ihnen einen großen Balken auf die Beine legte, sodass sie sich nicht rühren konnten.

Um Mitternacht näherte sich aus dem Wald eine alte, böse Wölfin. Sie packte einen der Brüder und zerfleischte ihn. Sie verschlang ihn gänzlich, dann verschwand sie wieder im Wald.

Am nächsten Tag erfuhr Signy, was geschehen war, doch sie war machtlos und konnte nicht verhindern, dass sich die Tragödie wiederholte. Nacht um Nacht erschien die Wölfin und wenn der Morgen anbrach, war einer der Brüder tot. Schließlich blieb nur noch Sigmund übrig. Nun kam Signy eine Idee, wie sie ihren letzten Bruder vielleicht retten könnte. Sie schickte einen Boten mit einem

Topf Honig zu Sigmund. Der verrieb den Honig über das ganze Gesicht und auch etwas in seinen Mund. Als die Wölfin in jener Nacht kam, roch sie den Honig. Sie begann, Sigmunds Gesicht abzulecken. Während das Tier ihn mit seiner üblen Zunge traktierte und den Honig verschlang, hielt sich Sigmund stocksteif. Dann fuhr die Wölfin mit der Zunge in Sigmunds Mund, um an den Honig dort zu gelangen. Blitzschnell biss Sigmund der Wölfin in die Zunge. Die Wölfin kämpfte und wehrte sich, aber Sigmund biss nur noch fester zu, bis er dem Tier schließlich die Zunge aus dem Maul riss. Heulend floh der Wolf in den Wald, während Sigmund die Zunge auf den Boden spuckte. Einige sagen, bei der Wölfin habe es sich um die Mutter Siggeirs gehandelt und sie sei durch einen üblen Zauber eines Trolls in einen Wolf verwandelt worden.

SIGMUNDS SOHN

Nachdem er sich der Gefahr durch die Wölfin entledigt hatte, gelang es Sigmund auch, sich aus seinen Fesseln zu befreien. Als Signy hörte, was geschehen war, kam sie in sein Versteck im Wald. Dann überbrachte sie dem König die Lüge, dass alle Wälsungen tot seien.

Siggeir und Signy bekamen zwei Söhne. Als der Älteste zehn Jahre alt war, sandte seine Mutter ihn zu Sigmund. Sigmund stellte seinen Willen und seine Nervenstärke auf die Probe, aber der Knabe bestand den Test nicht. Sigmund erzählte es seiner Schwester. »Dann töte ihn«, sagte

Signy. »Warum soll so einer weiterleben?« Und ihr Bruder tat wie ihm geheißen. Später sandte Signy auch den zweiten Sohn zu Sigmund, doch auch dieser scheiterte an den Aufgaben.

Als eine Hexe an Siggeirs Hof kam, nahm Signy sie beiseite und bat sie, mit ihr die Plätze und ihr Aussehen zu tauschen, weil sie den König hinters Licht führen wolle. Die Hexe willigte ein und während die Hexe im Bett des Königs lag, ging Signy in der Verkleidung der Hexe zum Haus ihres Bruders. Sie erklärte, sie sei eine Wanderin auf der Suche nach einer Unterkunft.

Sigmund ließ sie herein und in jener Nacht lagen sie im Wald beieinander. Dann kehrte Signy an den Hof zurück und nahm mit ihrem alten Aussehen wieder den Platz an der Seite ihres Ehemanns ein.

Neun Monate später brachte Signy einen Sohn zur Welt und nannte ihn Sinfiötli. Auch dieser Sohn wurde, als er ein bestimmtes Alter erreicht hatte, zu Sigmund geschickt. Dieser Knabe nun bestand die Prüfungen und Sigmund wusste, es handelte sich um einen echten Wälsungen.

SIGMUNDS RACHE

Sinfiötli blieb bei Sigmund, bis er erwachsen war. Dann beschlossen die beiden, es sei an der Zeit, Sigmunds Vater zu rächen. Sie kamen zum Palast des Königs, aber ihr Nahen wurde vom König und Signys zwei jungen Söhnen beobachtet. Die Knaben hatten Ball gespielt, nun aber liefen sie zu ihrem Vater und sagten ihm, dass sich zwei fremde Männer im Palast aufhielten.

Signy bat ihren Bruder, die Kinder zu erschlagen, doch er weigerte sich. Also zog Sinfiötli seinen Dolch und tötete beide. Siggeir rief seine Männer heran und sie überwältigten die beiden Helden.

Siggeir dachte darüber nach, welches die schlimmste Strafe für sie sein könnte, dann beschloss er, sie lebendig zu begraben.

Ein großes Felsengrab wurde errichtet, aber durch die Mitte verlief ein Stein. Sigmund wurde auf der einen Seite platziert, Sinfiötli auf der anderen. Doch bevor das Grab versiegelt wurde und die Männer lebendig begraben wurden, warf Signy Sinfiötli noch etwas Stroh herab. Verborgen in diesem Stroh war Sigmunds Schwert. Er stieß es durch den Felsen, sodass Sigmund die Spitze packen konnte, dann durchsägten die beiden das Hindernis.

Auf diese Weise war es für sie ein Leichtes, sich mithilfe des Schwerts zu befreien. Dann gingen sie in Siggeirs Halle, wo der König und all seine Männer schliefen. Sie entfachten ein großes Feuer und der König und sein Gefolge erwachten, weil der Rauch sie zu ersticken drohte.

»Wessen Tat ist das?«, rief der König.

»Meine«, rief Sigmund. »Ich bin Sigmund, Sohn des Wälsung. Wisset, dass nicht alle Wälsungen tot sind.« Dann wandte er sich an seine Schwester: »Komm zu mir, Schwester, und steh bei deinem Blut.«

Signy tat wie ihr geheißen. Sie sah Siggeir an und sagte: »Als Rache für meinen Vater, den ich geliebt habe, habe ich angeordnet, dass deine Söhne, die ich dir geboren habe, getötet werden. Und hier ist Sinfiötli, der nicht dein Sohn ist, sondern der meine und der meines Bruders, Sohn zweier Wälsungen. Jetzt bin ich gerächt, denn nichts, was dieser verfluchten Ehe entsprungen ist, lebt noch. Jetzt kann ich sterben.« Und mit diesem Worten lief sie zurück in den Rauch und die Flammen und starb mit ihrem Ehemann und dessen Männern.

WITWENVERBRENNUNG

Dass Signy sich entschied, an der Seite ihres betrügerischen Ehemanns im Feuer zu sterben, mag uns merkwürdig vorkommen, aber für die Wikinger, die die Geschichte hörten, war das völlig normal. Die Praxis der Witwenverbrennung (auch Sati genannt) wurde in Schweden bis in das 10. Jahrhundert zu Ehren Odins praktiziert, schreibt H.R. Ellis Davidson.

HELGI

Sigmund und Sinfiötli kehrten in das Land der Wälsungen zurück, wo Sigmund den Thron bestieg. Ihm wurden zwei Söhne geboren, Helgi und Hamund. Zur Geburt Helgis traten die Nornen an Sigmunds Bett und erklärten ihm, sein Sohn werde der mächtigste aller Könige werden. Helgi war gerade erst 15 Jahre alt, da führte er schon eine Heerschar an und Sinfiötli stand ihm als sein Gefolgsmann zur Seite.

Helgi war ein erfolgreicher Krieger und gewann die Liebe einer Frau namens Sigrun. In vielen Schlachten triumphierte er. Sinfiötli dagegen fiel auf dem Schlachtfeld, vergiftet durch den Betrug einer Frau.

Auch Sigmund wurde schließlich im Kampf schwer verwundet, sein zerbrochenes Schwert unter sich. Da kam seine Frau Hjördis zu ihm und fragte, ob er geheilt werden könne. Er erwiderte: »Odin wünscht nicht, dass ich noch einmal das Schwert führe. Aber du kannst gut mit einem Knaben umgehen. Sorge gut für ihn, denn er wird der Mächtigste unserer Rasse werden. Bewahre die Teile meines Schwertes gut für ihn auf, damit es für seine Hand neu geschmiedet werden kann.« Als Sigmund starb, kam zufällig eine Gruppe Wikinger unter Führung von Alf, dem Sohn des Dänenkönigs Helfrich, am Schlachtfeld vorbei. Sie nahmen Hjördis mit. Nach der Rückkehr nach Dänemark wurde sie Alfs Frau und gelangte dort zu großem Ansehen.

DER JUNGE SIGURD

Als einige Zeit verstrichen war, brachte Hjördis ein Kind zur Welt und nannte es Sigurd. Der Junge wurde im Haushalt des Königs großgezogen und alle, die ihn kennenlernten, priesen seine Kraft und seine Schönheit. Sigurd lernte alle möglichen Künste, das Schachspiel beispielsweise, zahlreiche Sprachen und das Geheimnis der Runen.

Als Sigurd zum Mann wurde, wünschte er sich ein Pferd. Er trat vor den König und bat um eines. »Such dir eines aus, welches dir gefällt«, erwiderte der König. Sigurd ging hinaus auf die Weide, auf der die Pferde grasten. Dort traf er einen alten, grau gekleideten Mann. »Was tust du, Sigurd?«, fragte der Mann.

»Ich suche mir ein Pferd aus«, erwiderte der Jüngling.

»Dann komm mit mir«, sagte der Mann. Sie gingen zum Fluss Busiltarn und an dessen Ufer stand ein prächtiges Ross, grau, jung, voller Kraft und Anmut. »Ich wähle dieses Pferd«, rief Sigurd.

»Du hast eine gute Wahl getroffen«, sagte der alte Mann. »Dieses Tier ist mit Odins Pferd Sleipnir verwandt und sein Name ist Grani. Es gibt kein zweites Pferd wie dieses. Möge es dich zum Glück tragen.« Sigurd wusste es nicht, aber der alte Mann war kein anderer als Odin höchstpersönlich.

DER SCHATZ VON REGIN
UND ANDWARI

Als Knabe wurde Sigurd von einem gewieften Alten namens Regin großgezogen. Eines Tages sagte Regin: »Schade, dass du nicht reicher bist. Ich weiß von einem großen Schatz. Wenn du den fändest, würdest du neben Gold auch viel Ehre und Ruhm gewinnen.«

Sigurd bat um eine Erklärung, also erzählte ihm Regin eine Geschichte.

Regin war der jüngste von drei Söhnen eines Mannes namens Hreidmar. Der erste Sohn hieß Fafnir, der zweite Otter. Regin war sehr gut darin, Eisen und Gold zu bearbeiten, Otter dagegen war ein großartiger Fischersmann, der tagsüber die Form eines Otters annahm. Fafnir dagegen war ein grimmiger Gesell, der von dem Wunsch getrieben war, dass alles ihm gehöre.

Unter einem Wasserfall in der Nähe lebte ein Zwerg namens Andwari. Er tarnte sich als Hecht und fraß Fische, gerade wie es ihm beliebte. Er besaß einen großen Schatz Gold, den er geheim hielt. Nun war es Otter gewohnt, rund um den Wasserfall zu jagen und seine Beute am Ufer abzulegen. Eines Tages fing er einen großen Lachs und legte ihn ans Ufer. Während er dabei war, den Lachs zu verschlingen, kamen zufällig Loki und Odin des Wegs. Loki erblickte den Otter, der den Lachs fraß, warf einen Stein nach dem Tier und tötete es. Die Götter zogen dem Otter das Fell ab und nahmen es mit. In jener Nacht kamen sie zum Haus des Hreidmar, dem sie erzählten, was sie getan hatten. »Weh mir!«, rief dieser. »Ihr habt meinen Sohn erschlagen, den ich geliebt habe.«

ROTGOLD

Rotgold ist eine Gold-Legierung. Es besteht zu 75 Prozent aus Gold und zu 25 Prozent aus Kupfer. Es war eine Zeitlang ausgesprochen beliebt in Russland, weshalb es manchmal auch als Russengold bezeichnet wird.

Er erklärte den Göttern, sie müssten eine Entschädigung zahlen. Sie müssten das Otterfell mit Gold füllen, es in Rotgold bedecken und es ihm dann bringen.

Die Götter brauchten Gold und Odin wusste, dass in der Nähe Andwari mit seinem Schatz lebte. Also schickte er Loki los, das Gold zu besorgen. Loki kam zum Wasserfall und warf sein Netz aus. Der Hecht verfing sich im Netz und Loki spottete über ihn:

> Was für ein Fisch ist's, der in der Flut rennt,
> Kann sich vor Witz nicht wahren?
> Aus Hels Hause löse dein Haupt nun
> Und schaffe mir glänzende Glut.

Andwari verwandelte sich von einem Hecht zurück in die Form eines Zwergs. Grummelnd und sein hartes Los verfluchend führte er Loki zu seinem Schatz. Bis auf den letzten Ring griff sich Loki alles. Empört rief der Zwerg daraufhin, dass das Gold von nun an bis in alle Ewigkeit verflucht sei und dass es Unglück über alle bringen werde, die es besitzen. Die Götter brachten das Gold wie gewünscht im Otterfell zurück zu Hreidmar und beglichen so das Wergeld für den erschlagenen Sohn. Loki warnte Hreidmar:

> Ich gab dir das Gold, Entgeltung ward dir,
> Herliche, meines Hauptes.
> Deinem Sohne schafft es keinen Segen.
> Es bringt euch beiden den Tod.

Es dauerte nicht lange, da bewahrheitete sich Lokis Prophezeiung: Fafnirs Gier wuchs und wuchs in seinem Herzen heran, bis er schließlich seinen Vater erschlug und sich das Gold unter den Nagel riss. Aus lauter Misstrauen gegenüber seinen Mitmenschen lag er ständig bei seinem Gold. Mit der Zeit verwandelte er sich in einen Drachen und so bewacht er bis heute den Schatz, den Loki dem Zwerg gestohlen hat.

SIGURDS SCHWERT

Gebannt hörte sich Sigurd die Geschichte an, die Regin ihm erzählte. In seinem Herzen wurde der Wunsch wach, hinauszuziehen und den Drachen, diesen üblen Lindwurm, zu erschlagen und Regin seinen ihm rechtmäßig zustehenden Besitz zu geben. Doch für ein derartiges Unterfangen würde er ein Schwert benötigen. Regin versuchte, ihm eines zu schmieden, aber es gelang ihm nicht. Dann brachte Sigurd die Reste von Sigmunds Schwert und mit ihnen gelang es Regin, ein Schwert zu schmieden. Wie von Sigmund gewünscht, wurde das Schwert Gram getauft.

Regin wollte, dass Sigurd nun den Lindwurm Fafnir erschlage, doch Sigurd wollte zunächst seinen Vater Sigmund rächen. Also versammelte er eine Armee um sich und reiste in das Land, in dem die Söhne von König Hunding lebten, gegen den Sigmund in der Schlacht unterlegen war. Gewaltige Konflikte brachen aus, aber Sigurd setzte sich durch, denn kein Schwert konnte gegen Gram bestehen. Einer von Hundings Söhnen, König Lyngi, führte ebenfalls ein großes Heer an, aber Sigurd stellte sich ihm im Kampf und hieb ihn geradewegs von der Krone abwärts einmal durch. Und so nahmen die Wälsungen Rache an ihren Feinden.

FAFNIRS TOD

Nun war Sigurd bereit, es mit dem Drachen Fafnir aufzunehmen. Er und Regin ritten zu dem Ort, an dem der Drachen auf seinem Schatz hockte. Sigurd wusste, dass Drachenblut tödlich ist, also fragte er Regin: »Dieser Lindwurm scheint mir von immenser Größe. Wie soll ich ihn bezwingen?«

»Grab ein Loch«, antwortete Sigurds Mentor. »Klettere in das Loch und wenn er ans Wasser kommt, erstich ihn von hinten.«

»Aber was ist mit seinem Blut?«, wandte Sigurd ein. »Auch wenn ich mich im Loch verstecke, könnte es mich vernichten.«

»Wenn du vor allem und jedem Angst hast, dann läufst du am besten heim«, spottete daraufhin Regin.

Sigurd sagte gar nichts mehr, bis sie den Ort erreichten. Dann machte Regin kehrt und ritt davon, denn ihn hatte große Angst gepackt.

Ein alter Mann erschien Sigurd, der ihm sagte, welchen Rat ihm sein Lehrer gegeben habe. »Nein, nein«, sagte der alte Mann. »Grab viele Löcher, in denen sich das Blut des Lindwurms sammeln kann. Dann krabbelst du in eines der Löcher und wenn du den Lindwurm ins Herz stichst, soll das Blut des Biests in die anderen Gruben strömen. Auf diese Weise erschlägst du das Untier!«

Bald darauf kroch Fafnir zum Trinken ans Wasser. Sigurd stieß dem Drachen mit einem Aufwärtsstoß Gram in die linke Schulter. Das Untier schrie und zuckte, sein Blut ergoss sich in die Gruben, die Sigurd gegraben hatte.

KLASSISCHE ILLUSTRATION

Der berühmte britische Illustrator Arthur Rackham (1867–1939) schuf ein Bild von Sigurds Kampf mit dem Drachen. Die Illustration war Teil des Buchs *Siegfried and the Twilight of the Gods*, der englischsprachigen Übersetzung von Richard Wagners *Siegfried* und *Götterdämmerung*. (Siegfried ist die deutsche Variante von Sigurd.)

Fafnir wusste, dass er tödlich verwundet worden war. Er sprach mit Sigurd und fragte ihn, wer er sei und woher er gekommen sei. Sigurd antwortete ausweichend und Fafnir erklärte ihm: »Wenig Gutes wird dir dieses Gold bescheren, denn es liegt ein Fluch auf allen, die es besitzen.«

»Das ändert nichts daran, dass ich nun in deine Höhle reiten und mir den Goldschatz holen werde, den du all die Jahre dermaßen eifersüchtig gehütet hast«, sagte Sigurd.

»So reite denn«, sagte der im Sterben liegende Drache. »Du wirst ausreichend Gold für den Rest deines Lebens finden. Doch das Gold soll dein Fluch sein und der Fluch eines jeden, der es findet und nimmt.« Bei diesen Worten durchfuhr ihn ein letztes Todeszucken und Fafnir tat seinen finalen Atemzug.

REGINS TOD

Nun kam Regin zu Sigurd und pries ihn für seine Heldentat. Doch Sigurd erwiderte nur verächtlich: »Du hast meinen Kampf in Sicherheit versteckt hinter einer Hecke mitverfolgt. Beigetragen hast du nicht das Geringste.«

»Sollte das Schwert, das ich dir geschmiedet habe, nicht Hilfe genug gewesen sein, so weiß ich nicht, was ich dir sonst an Hilfe hätte leisten können«, erwiderte Regin. »Aber jetzt, wo der Lindwurm tot ist, bitte ich dich, schneide ihm das Herz heraus und brate es, damit ich es essen kann.«

Sigurd schnitt dem Drachen das Herz heraus und begann, es zuzubereiten. Das Blut brutzelte in der Pfanne und ein paar Tropfen spritzten auf Sigurds Finger. Er leckte das Blut weg und stellte fest, dass er auf einmal die Sprache der Vögel verstand. Und die Spechte sagten: »Du brätst das Herz für einen anderen, Sigurd, dabei solltest du selbst es eigentlich essen.« Ein anderer Vogel sagte: »Regin hat versucht, dich in eine Falle zu locken. Er plant deinen Tod, benutzt dich aber gleichzeitig dafür, seinen Bruder zu erschlagen.« Und ein dritter sagte: »Du tätest besser daran, Regin zu erschlagen, den Schatz zu nehmen und nach Hindfell zu reiten, wo Brynhild schläft.«

Sigurd hörte ihnen zu und erkannte, dass ihre Worte wahr waren. Also zog er Gram aus der Scheide und trennte Regin mit einem einzigen Hieb den Kopf vom Leib. Dann aß er noch etwas vom Drachenherz, sprang auf sein Pferd und folgte der Spur des Lindwurms, bis er zu dessen Höhle gelangte. Dort fand er einen gewaltigen Haufen an Gold und Geschmeide vor. Er packte alles in zwei große Truhen und belud damit sein Pferd. Dann, auf den Rat der Vögel hörend, lenkte er das Tier Richtung Hindfell.

KAPITEL ZWÖLF

Sigurd und Brynhild

Einen Drachen wie Fafnir zu erschlagen, wäre normalerweise mehr als ausreichend, um sich einen Ruf als Held zu erarbeiten, aber Sigurd spielt gleichzeitig noch eine Hauptrolle in einer der großen tragischen Liebesgeschichten der nordischen Mythologie. Die Rede ist von der Geschichte von Sigurd und Brynhild.

Er hatte Fafnir besiegt und dessen Goldschatz fortgeschafft, dann hatte er den Betrüger Regin erschlagen. Nun ritt Sigurd weit in den Süden, bis er in das Land der Franken gelangte. Dort kam er vor die Tore eines großen Schlosses, das geschützt wurde von zahlreichen Schilden. Auf dem obersten Turm wehte ein stolzes Banner.

SIGURD LERNT BRYNHILD KENNEN

Sigurd betrat das Schloss, ohne dass ihn ein Wächter anrief. Die ganze Anlage wirkte völlig menschenleer. Schließlich traf er doch noch auf einen Ritter, der in voller Rüstung auf einer Bahre lag. Der Ritter schien zu schlafen, doch so sehr Sigurd sich auch abmühte, er konnte ihn nicht wecken.

Schließlich nahm Sigurd dem schlafenden Ritter den Helm ab und erkannte zu seiner großen Überraschung, dass es sich gar nicht um einen Mann handelte, sondern um eine Frau, noch dazu eine von großer Schönheit. Nun nahm Sigurd sein Schwert Gram, mit dem er Fafnir erschlagen hatte, und trennte die Rüstung so einfach auf, als sei sie aus Tuch.

Daraufhin erwachte die Frau und fragte ihn: »Du bist gewiss Sigurd Sigmundson, der Fafnirs Helm in der Hand trägt! Und ist das Schwert dort nicht Fafnirs Ruin?«

Sigurd antwortete: »Sigmunds Sohn hat die Tat vollbracht. Zu den Wälsungen zähle ich. Aber ich habe gehört, du seist die Tochter eines mächtigen Königs. Die Menschen berichteten mir, du seist wunderschön anzusehen und voller Weisheit.«

Nun erzählte Brynhild Sigurd, wie es kam, dass sie dort geschlafen habe: »Zwei Könige kämpften, der eine davon hieß Helm Gunnar und Odin hatte ihm den Sieg versprochen. Sein Gegner war Agnar. Ich streckte Helm Gunnar nieder, denn ich war Schildmaid. Das verärgerte Odin, denn ich hatte ihn als jemand dastehen lassen, der seine Versprechen nicht hält. Er stach mich mit einem Schlafdorn. Nie wieder solle ich den Sieg davontragen, erklärte er, stattdessen solle ich einem Mann zur Frau gegeben werden. Daraufhin schwor ich, ich würde niemals heiraten, bis ich den einen kennenlerne, dessen Herz nichts von Furcht weiß.«

BRYNHILD UND EOWYN

Als Tolkien für den *Herr der Ringe* die Figur der Eowyn schuf, bediente er sich dafür bei Brynhild. Wie diese will auch Eowyn Schildmaid sein und sich in einer von Männern dominierten Gesellschaft nicht mit den Aufgaben einer Frau begnügen. So wie Brynhild von Sigurd träumt, hofft Eowyn auf die Liebe von Aragorn. Zum Ende des Buchs hin allerdings erkennt sie, dass bei ihrer Liebe mehr Aragorns Position als die Person im Mittelpunkt stand. Daraufhin heiratet sie Faramir, den Truchsess von Gondor. Auch hier finden sich zahlreiche Übereinstimmungen zu der Art und Weise, wie sich die Geschichte von Sigurd und Brynhild entwickelt.

Sigurd bat Brynhild, ihn ihr Wissen zu lehren. Sie brachte ihm einen Becher Ale und sagte: »Ich werde dich die Runen des Kriegs lehren – schnitze sie in den Griff deines Schwerts. Ich werde dich die Runen der Seefahrerei lehren – schnitze sie in das Ruder deines Schiffs. Ich werde dich die Wortrunen lehren – webe sie in deinen Stoff und umgib dich mit ihnen. Und ich werde dich die Runen des Ales lehren – schnitze sie in dein Trinkhorn.«

Sigurd erwiderte:

> Nicht wird' ich weichen,
> wär' gewiss mir der Tod,
> Ich bin nicht blöde geboren.
> Deinem treuen Rat vertrauen wird' ich,
> So lange mir Leben währt.

BRYNHILDS RAT

Brynhild begann damit, Sigurd beizubringen, was sie wusste: »Sei nachsichtig gegenüber deinen Freunden und Anverwandten und sei zu Rache nicht zu rasch, wenn sie dir Unrecht tun «, sagte sie. »Zerbrich dir nicht den Kopf allzu sehr über närrische Worte, die andere Männer bei Versammlungen des Volks gesprochen haben. Gerätst du an Orte voll des Übels, bleibe wachsam und lass dich nicht von schönen Frauen locken, während du dich gütlich tust. Lege niemals falschen Eid ab, denn die Strafe für Eidbruch ist streng. Traue niemandem, dessen Vater, Sohn oder Verwandten du erschlagen hast, denn selbst unter den Jungen könnte ein Wolf heranwachsen.«

Sigurd war erstaunt über ihre Weisheit und erklärte: »Kein weiseres Weib ist zu finden als du, und das schwör ich, dass ich dich haben will, denn du bist nach meinem Sinn.«

Brynhild erwiderte: »Dich will ich und keinen anderen, hätte ich auch zu wählen unter allen Männern.« Und so versprachen sie einander.

BRYNHILDS PROPHEZEIUNG

Sigurd ritt zur Heimstatt des mächtigen Häuptlings Heimir, dem Vater von Brynhild und ihrer Schwester Beckhild. Sigurd wurde willkommen geheißen und er blieb eine Weile dort, jagte und aß mit den Mitgliedern des Haushalts.

Schließlich traf auch Brynhild dort ein. Sie setzte sich zu den anderen Maiden und schilderte ihnen, welche Heldentaten Sigurd vollbracht hatte und dass er den Lindwurm Fafnir erschlagen hatte. Und die Frauen stickten große Wandteppiche, auf denen die kühnen Taten dargestellt wurden. Sigurd kam zu ihr, als sie in einer Laube saß, und legte die Arme um sie. »Nun ist es eingetreten«, sagte er, »ganz so, wie du es versprochen hast.« Dann trank er aus dem Horn, das sie ihm reichte, küsste sie und erklärte: »Eine Schönere als du hat nie gelebt.«

Doch Brynhild blickte ihn betrübt an und sagte: »Es wäre klüger, Liebe und Treue nicht der Macht einer Frau zu übertragen, denn stets werden sie die Versprechen brechen, die sie gegeben haben.«

»Was meinst du damit?«, fragte Sigurd und Brynhild antwortete: »Das Schicksal will nicht, dass wir zusammen sind. Ich bin eine Schildmaid und muss einen Helm tragen und in den Kampf ziehen. Es ist dies eine Aussicht, die mir kein Unbehagen bereitet.«

Sigurd fragte: »Wie kann unserer Liebe Nachwuchs entspringen, wenn wir nicht beieinander leben?«

Brynhild schüttelte den Kopf und sagte: »Ich werde auf die versammelten Könige schauen, aber du wirst Gudrun heiraten, die Tochter des Gjuki.«

Lachend erwiderte Sigurd: »Du irrst dich. Welch' Königs Tochter könnte es gelingen, mich zu verzaubern? Ich bin nicht falschen Herzens und ich schwöre dir, dass ich dich und keine andere zur meinigen machen werde.« Dann gab er ihr einen goldenen Ring und beschwor noch einmal seine Liebe für sie.

RINGE IN DER MYTHOLOGIE DES NORDENS

Ringe spielten bei den Wikingern eine höchst wichtige Rolle als magischer Gegenstand, aber auch als Wertgegenstand. In Wikingerschätzen wurden große Mengen an Ringen entdeckt. Einige davon waren mit Runen verziert, die offensichtlich mystischen Zwecken dienten. Odin trug den Armreif Draupnir. Ein anderer Ring – Andvaranaut – war der Ring des Nibelungen.

GJUKIS TOCHTER GUDRUN

Sigurd ritt zur Halle des Gjuki, eines Häuptlings, der südlich des Rheins lebte. Gjuki hieß ihn willkommen und Sigurd fiel auf, wie schön Gjukis Tochter Gudrun war.

Gjukis Weib Grimhild hörte sehr aufmerksam zu, als Sigurd von seinen Abenteuern erzählte, und sie registrierte, wie er über Brynhild und seine Liebe zu ihr sprach. Ebenfalls fielen ihr die Truhen voller Gold auf, die er mit sich führte. Sie dachte bei sich, dass es doch gut wäre, wenn er Brynhild vergesse und stattdessen ihre Tochter Gudrun heiratete. Also braute sie ein verzaubertes Bier und brachte es ihm in einem großen Trinkhorn. Sie sagte: »Große Freude bringst du uns, indem du bei uns verweilst. Jetzt trink aus diesem Horn.«

Sigurd nahm einen tiefen Schluck und während er trank, schwand die Erinnerung an Brynhild aus seinem Gedächtnis. Jede Nacht trank er nun und mit jeder Nacht erschien ihm Gudrun umso lieblicher. So verbrachte er fünf Jahreszeiten dort und war es wohl zufrieden. Gjuki sagte zu ihm: »All deine Wünsche werden wir dir erfüllen, solange du nur bei uns verweilst. Und du sollst ohne darum bitten zu müssen, meine Tochter bekommen, obwohl viele Männer um ihre Hand angehalten haben und enttäuscht von dannen zogen.«

Aus ganzem Herzen dankte Sigurd ihm und die beiden Männer schworen einander Bruderschaft. Sigurd und Gudrun wurden vermählt und so erfüllte sich Brynhilds Prophezeiung. Sigurd gab seiner Braut etwas von dem Drachenherz zu essen und so wurde auch sie weise. Sie hatten einen Sohn, den sie im Gedenken an Sigurds Vater Sigmund nannten.

BRYNHILD WIRD DER HOF GEMACHT

Nun ging Grimhild zu ihrem Sohn Gunnar und empfahl ihm, um Brynhild zu werben. Gunnar willigte ein und ritt mit seinem Gefolge und begleitet von Sigurd nach Hlymdale, wo sie von Heimir herzlich willkommen geheißen wurden. Gunnar erzählte ihm von seinen Absichten und Heimir sagte: »Brynhild wird niemanden heiraten, den sie nicht selbst erwählt hat. Aber eines sage ich dir: Ihre Halle ist nur ein kurzes Stück von hier entfernt und liegt mitten in einem Schloss, dessen Dach aus Schilden besteht. Um die Halle herum jedoch brennt ein Feuerring. Kannst du dieses Feuer durchqueren und zu ihr vorstoßen, dann glaube ich, dass sie dich wird haben wollen.«

Gunnar und die anderen Mitglieder seines Gefolges ritten zu Brynhilds Halle. Gunnar spornte sein Pferd an, aber das Tier wollte sich nicht bewegen.

»Warum reitest du denn nicht zu ihr, Gunnar?«, fragte Sigurd.

»Mein Pferd nähert sich den Flammen nicht«, erwiderte Gunnar. »Leih mir dein Pferd Grani.«

»Gewiss doch«, erwiderte Sigurd, aber selbst Grani war nicht bereit, sich dem Feuer zu nähern.

Dann vollzogen Sigurd und Gunnar eine magische Handlung und jeder nahm die Gestalt des anderen an. Als Gunnar getarnt bestieg Sigurd Grani und ritt auf das Feuer zu.

Zunächst loderte das Feuer so gewaltig auf, dass alle Umstehenden taub wurden. Dann jedoch schwächte sich das Feuer ab und Sigurd konnte unbeschadet passieren.

»Welcher Mann kommt dort?«, fragte Brynhild.

»Gunnar, Sohn des Gjuki«, erwiderte Sigurd. »Durch den Willen und mit den besten Wünschen deines Vaters wirst du mir zur Frau gegeben, denn ich bin durch die Flammen geritten, ganz wie du es von dem Mann verlangt hast, dem du deine Hand reichen würdest.«

»Ich weiß nicht, was ich darauf erwidern soll.«

»Sag ja, denn so hast du es geschworen.«

Sie stimmte zu und führte ihn in ihre Kammer, wo er drei Nächte lang blieb. Aber er legte das Schwert Gram zwischen sie und als sie ihn nach den Gründen fragte, sagte er, er habe es geschworen.

Sie nahm den Ring Andvaranaut ab und gab ihn Sigurd. Dieser gab ihr dafür einen anderen Ring aus dem Schatz Fafnirs. Dann kehrte er zu seinem Gefolge zurück, wo er und Gunnar ihre ursprüngliche Form wieder annahmen.

Brynhild kehrte in die Halle ihres Vaters zurück und gestand ihm, dass sie die List durchschaut hatte. Sie wusste, dass es Sigurd und nicht Gunnar gewesen war, der zu ihr kam. Aber Heimir erklärte, die Dinge müssten wie vom Schicksal bestimmt geschehen, also wurden Brynhild und Gunnar verheiratet und zur Feier ihrer Eheschließung wurde ein großes Fest veranstaltet.

BESONDERHEITEN DER WÄLSUNGEN-SAGA

Die Geschichte von Sigurd und seiner Abstammung, die Geschichte, wie er den Drachen Fafnir erschlägt und die

Geschichte, wie er sich in Brynhild verliebt und sie dann aufgibt – all das macht den ersten Teil der Wälsungen-Saga aus. Es ist eine isländische Saga, aber praktisch die gesamte Literatur des frühen Islands greift auf deutlich ältere Traditionen zurück. Sigurd spielt in dieser Erzählung eine zentrale Rolle, aber es ist klar, dass die Saga als Ganzes genommen das Schicksal der Wälsungen wiedergibt, eines großen und vermutlich einmal wichtigen Stamms. Die Geschichte enthält vieles, was die Wikinger-Literatur auszeichnet: die Willkür des Schicksals (Brynhild weiß leider von Anfang an, dass ihre Liebe zu Sigurd und seine Liebe für sie dazu bestimmt ist, unerfüllt zu bleiben); die Bedeutung der Familienehre (Signy ist bereit, ihren eigenen Nachwuchs zu vernichten, um sich an dem Mann zu rächen, der ihren Vater und ihre Brüder getötet hat); die Unzuverlässigkeit des oberflächlichen Erscheinungsbilds (die Gestaltwechsler Sigurd und Gunnar, dazu die hohe Wahrscheinlichkeit, dass die Wölfin, die die gefangenen Brüder tötete, niemand anderes als die Mutter Siggeirs war). Dazu kommt noch die Gewalt, ein unerlässlicher Bestandteil des Geschichtenerzählens in einer gewalttätigen, brutalen Gesellschaft. Der Drache, der seinen Schatz bewacht, weist einige Gemeinsamkeiten zu dem Drachen auf, den der gautische Held Beowulf in seiner letzten Tat als König erschlug (siehe Kapitel 13).

Die Geschichte schließt zwar positiv mit der Hochzeit von Brynhild und Gunnar, aber dennoch endet die Wälsungen-Saga tragisch. Zwischen Brynhild und Gudrun entbrennt ein Streit in der Frage, wer den besseren Ehemann abbekommen hat. Nun enthüllt Gudrun Brynhild die Wahrheit darüber, wie sie, Brynhild, betrogen wurde. Brynhild hatte einen Teil davon bereits vermutet, aber nun konfrontiert sie Sigurd und wirft ihm vor, er habe sie nur benutzt. Wütend tötet sie Sigmund, den Sohn von Sigurd und Gudrun. Gunnar und sein Bruder schmieden nun Pläne, Sigurd zu töten. Sie verhexen ihren jüngeren Bruder Guttorm, die böse Tat zu vollbringen. Guttorm attackiert Sigurd, als dieser im Bett liegt. Beide Männer kommen ums Leben, für einen legendären Helden ein trauriges Ende. Es stellt sich heraus, dass die Wurzel allen Übels der Ring Andvaranaut ist, der verflucht ist und Zwist bei allen Menschen sät, die ihn besitzen. Sigurd wusste davon nichts. Schließlich ordnet Brynhild an, Scheiterhaufen für Sigurd, Guttorm und Sigmund zu errichten. Als die Flammen in die Höhe schießen, stürzt sie sich ins Feuer. Im Leben waren sie und Sigurd nicht vereint, nun sind sie es im Tode.

Elemente dieser Geschichte zogen in die deutsche Literatur ein. Aus Sigurd wurde Siegfried, der Held des Nibelungen-Epos, und in die Erzählung flossen Elemente des Wikinger-Mythos ein: Auch Siegfried war ein Drachentöter, allerdings badete er im Blut des Biests, um unsterblich zu werden.

Siegfried will Kriemhild heiraten, die Schwester des Burgunderkönigs Gunther, im Gegenzug hilft er Gunther dabei, Brünhild zu umwerben. Es kommt dieselbe Strategie wie in der Wälsungen-Saga zum Einsatz.

Von da aus entwickeln sich die Dinge ähnlich wie bei der Wälsungen-Saga: Brünhild und Kriemhild streiten sich, ihre Ehemänner werden mit in den Streit hineingezogen und Siegfried wird heimtückisch ermordet (durch einen Speer in den Rücken, die einzige Stelle, die nicht vom Drachenblut bedeckt wurde und damit auch die einzige Stelle, an der er verwundbar war). Sein Gold wird in den Rhein geworfen, um zu verhindern, dass er sich damit eine Armee zusammenkauft.

WAGNER UND DER RING DES NIBELUNGEN

Zwischen 1848 und 1874 schuf Richard Wagner (1813–1883) einen Zyklus aus vier Opern, in denen die Geschichte von Siegfried und Brünhild erzählt wird. Elemente der Wikinger-Mythen haben sich hier noch weiter verschoben, allerdings treten auch eingedeutschte Versionen der nordischen Götter in den Opern auf. Der Schlüssel zur Tragödie liegt im Ring der Nibelungen. Geschmiedet wurde er vom Zwerg Alberich aus Gold, das er den Rheintöchtern gestohlen hat. Genau wie Andvaranaut ist auch dieser Ring mit einem Fluch behaftet und bringt allen, die ihn besitzen, Pech und Unfrieden. Odin (der hier Wotan heißt) stiehlt dem Zwerg mithilfe von Loki (hier: Loge) den Ring, muss ihn aber den Riesen Fafner und Fasolt überlassen, die den Göttern Walhalla gebaut haben. Siegfried ist Odins Enkel geworden und er wird mit der Aufgabe betraut, den Göttern den Ring zurückzuholen. Das tut er, indem er Fafner erschlägt, aber er fällt schließlich einem Verrat zum Opfer. Brünhild agiert hier als Walküre und Odins Tochter (man sollte ja meinen, dass sie deswegen nicht die Geliebte von Odins Enkel werden könnte, aber wer stört sich schon an derartigen Details).

Die vier Opern sind:

1. Das Rheingold

2. Die Walküre

3. Siegfried

4. Götterdämmerung

WAGNER UND DIE NAZIS

Wagners Opern standen in Deutschland Ende des 19. und zu Beginn des 20. Jahrhunderts stellvertretend für alles »Deutsche«. Deutschland als Nationalstaat war damals noch sehr jung, das Deutsche Reich existierte erst in den letzten 30 Jahren des 19. Jahrhunderts. Wenn man nun noch bedenkt, dass Wagner ein bekennender Antisemit war, überrascht es wohl niemanden, dass Adolf Hitler sehr viel von Wagner hielt. Es ist insofern also schon ausgesprochen ironisch, dass die Berliner Philharmoniker im Frühjahr 1945, während die Rote Armee auf Berlin vorrückte und das »1000-jährige Reich« der Nazis immer rascher zerfiel, ausgerechnet die *Götterdämmerung* zum Besten gaben.

KAPITEL DREIZEHN

Beowulf

Die Geschichte von Beowulf zählt zu den bekanntesten Mythen Skandinaviens. Man kann sich gut vorstellen, wie eine Gruppe Männer um ein Feuer sitzt, ihre Gesichter im Licht der prasselnden Flammen leuchten, während sie gebannt zuhören, wie ein Skalde diese Geschichte von Heldentum und Tod rezitiert.

Dem Dänenkönig Hrothgar kam es in den Sinn, eine große Halle zu errichten, um zu zeigen, wie mächtig und wohlhabend er war. Also baute er die Halle und nannte sie Heorot.

> Einen mächtigen Metsaal, wie Menschenkinder
> Schöner ihn niemals erschauet hatten,
> Um darin alles an Jung und Alt
> Als Gabe zu spenden, was Gott ihm verlieh'n
> Neben Landgebiet und lebendem Volke.

Nachdem die Halle gebaut worden war, versammelten sich dort Krieger, um mit Krügen voller Met zu feiern und Geschichten von Krieg und Sieg und Tod auszutauschen. Doch als in jener Nacht alle schliefen, kam ein Ungetüm aus den Sümpfen gekrochen, die Heorot umgaben. Der Name dieses Ungetüms war Grendel und er lebte fernab der Menschen als Verstoßener und Verbitterter. Nun jedoch schlich er in die Halle, griff sich 30 der schlafenden Adligen und floh mit ihnen in seine Höhle, wo er sie abschlachtete und ihre Leichname verzehrte.

Das war der Auftakt von Grendels Angriffen auf Heorot. Hrothgar und seine Gefolgsleute waren machtlos und konnten Grendel nicht aufhalten. Zwölf Jahre lang setzten sich diese Angriffe fort und die ganze Zeit über sann Hrothgar darüber nach, wie er sich gegen die Überfälle zur Wehr setzen und dafür sorgen könnte, dass Friede in seine Halle einkehrt.

Auch auf der anderen Seite des Meers hörte man von den Angriffen, so auch Beowulf, ein Held der Gauten. Er wählte aus seinem Gefolge die tapfersten und besten Männer und sie machten sich in ihrem Langschiff auf den Weg zu Heorot.

DER KAMPF MIT GRENDEL

Ein Wächter an der Küste sah die Gruppe landen und begrüßte sie. »Noch nie habe ich so mächtige Männer gesehen«, sagte der Bedienstete Hrothgars voller Bewunderung. »Doch seid ihr auch keine Spione?«

»Wir sind hier, um Hrothgar zu helfen«, beteuerte er. »Ich habe einen Plan, wie wir das Ungetüm besiegen und Hrothgar seinen Thron in Heorot zurückgeben können.«

Hrothgar wurde informiert und er sagte: »Ich kannte diesen Mann, als er noch ein Knabe war. Ecgtheow war sein Vater. Ich möchte gerne sehen, was für eine Art Mann er geworden ist.« Also rief er Beowulf zu sich.

Beowulf machte dem König seine Aufwartung und erklärte: »Guter Herr, ich bin gekommen, um Euch von dieser Geißel zu befreien. Ich bitte Euch nur, dass Ihr mir und meinen Gefolgsleuten erlaubt, mit Grendel zu kämpfen. Es heißt, der Unhold trage keine Waffen, also werde ich es auch nicht. Ich werde ihn allein mit meiner Kraft besiegen oder bei dem Versuch mein Leben lassen.«

Hrothgar blieb keine andere Wahl, er musste zustimmen. Er ließ Essen und Trinken für seine Gäste kommen und schloss sich ihnen bei dem Festmahl und der ausgelassenen Stimmung an. Schließlich legten er und seine Leute sich schlafen, während Beowulf und seine Männer in der Halle saßen und auf Grendel warteten.

Es war eine lange Wache und einer nach dem anderen versanken die Männer im Schlaf. Schließlich kehrte völlige Stille ein. Da betrat ein Schatten die Halle – Grendel. Er schlich auf einen der schlafenden Männer zu und streckte die Hand aus, um ihn zu packen. Doch Beowulf, der nur so getan hatte, als ob er schliefe, sprang auf und packte seinerseits mit eisernem Griff die Hand des Monsters.

Durch die gesamte Halle zog sich ihr Ringkampf. Beowulfs Männer waren inzwischen wach und feuerten ihn an. Sie schlugen Schwert und Schild gegeneinander, trauten sich jedoch nicht, sich in den Kampf zu stürzen. Manchmal hatte Beowulf die Oberhand, dann wiederum schien es, als ob Grendel ihn gleich zu Boden werfen werde.

Grendel wurde müde. Er hatte es hier mit einem Widersacher zu tun, wie er ihm noch nie untergekommen war, und es dämmerte auch schon bald. Er stieß einen lauten Schrei der Verzweiflung und des Schmerzes aus, dann riss ihm Beowulf unter gewaltiger Anstrengung den Arm aus der Schulter. Schreiend floh Grendel zurück in seine Höhle, um dort unter großen Schmerzen zu sterben.

Beowulfs Männer drängten sich um ihn und bejubelten ihren Anführer. Der Krieger suchte sich ein Seil und band es um Grendels Arm. Das eine Ende des Seils warf er über einen der Balken in der Halle und als Hrothgar mit seinem Gefolge den Raum betraten, sahen sie, wie Beowulf Grendels Arm in die Höhe zog. Die ersten Strahlen der Morgensonne beleuchteten die Szenerie und badeten Beowulf in Gold.

GRENDELS MUTTER

Der Sieg über Grendel wurde mit vielen Hörnern süßen Mets gefeiert, dann gingen Hrothgar, seine Männer und die Gauten in der Hoffnung auf eine ungestörte Nachtruhe zu Bett. Doch es sollte nicht sein: Im Dunkel der Nacht brach Grendels Mutter über sie herein, die ihrerseits ein furchtbares Ungeheuer war und den Verlust ihres Sohns beklagte. Sie trug ausgerechnet Aeschere davon, den Beowulf unter den Gauten wie keinen zweiten liebte.

Hrothgar erklärte dem trauernden Krieger, dass Grendels Mutter ihr Zuhause auf dem Boden eines tiefen Teichs habe. Kein angenehmer Ort:

> In Wirbeln steigt zu den Wolken oft
> Das Wasser empor, wenn der Wind herantreibt
> Die leid'gen Gewitter, die Luft sich verdunkelt
> Und der Himmel weint.

Beowulf und seine Gefährten machten sich auf den Weg an den Ort, an dem Grendel und seine Mutter hausten. Ein unwirtlicher Ort war das, umgeben von Sümpfen und übelriechender Luft und wieder und wieder von Winden heimgesucht. Als sie gemeinsam in Heorot tranken, hatte Unferth es gewagt, Zweifel am Mut Beowulfs zu äußern. Nun bedauerte er seine übereilten Worte und bot Beowulf sein Schwert Hrunting für den Kampf gegen die Mutter des Ungetüms. Mit dem Schwert in der Hand tauchte Beowulf ab, während sich seine Mannen oben ans Ufer setzten und warteten.

Tiefer, immer tiefer versank Beowulf in den trüben Fluten. Nachdem er viele Fuß unterhalb der Stelle angelangt war, an der seine Männer besorgt auf ihn warteten, gelangte er schließlich zu einer tiefen Grotte. Dort holte er tief Luft und stürmte dann in die felsige Höhle auf der Suche nach seinem Feind.

Es war eine stinkende Luft, die er atmete, während er durch die felsigen Gänge streifte, die dunkel und weit von der Welt der Menschen entfernt vor ihm lagen. Hier fand er die gruseligen Überreste der Helden, die Grendel bei seinen überirdischen Streifzügen erschlagen hatte, hier ein Arm, dort ein Bein, alles blutbedeckt und in Stücke zerrissen.

Mehr und mehr dieser Überreste fand er vor, bis sich der Weg vor ihm öffnete und er in einer großen Höhle angelangte. Und hier fand er endlich auch Grendels Leichnam, der Arm durch Beowulfs Kraft herausgerissen. Um den Körper des Unholds herum lagen noch weitere Tote, Menschen, die Grendel und seine Mutter erschlagen hatten. Beowulf machte dies keine Angst, er sprang in die Höhle hinein. Aus den Schatten heraus stürzte da Grendels Mutter heran, erfüllt von dem Wunsch, den Tod ihres Sohns zu rächen.

Mit Hrunting versetzte Beowulf ihr gewaltige Hiebe, doch es war vergebens, das Schwert vermochte nicht, ihre Haut zu durchdringen. Die beiden Widersacher kreisten und kreisten durch die Höhle, wieder und wieder gingen sie aufeinander los. Wütend warf Beowulf das nutzlose Schwert von sich und rang mit Grendels Mutter, doch sie war stärker als ihr Sohn und zwang ihn nieder. Beowulf gab einen gewaltigen Schrei von sich und sah an ihrer Seite ein Schwert liegen. Er packte es und schlug damit zu. Glatt fuhr es ihr in den Hals und sie sank zu Boden, direkt neben ihrem missratenen Sohn. Beowulf, Töter von Ungetümen und Held der Gauten, hob das Schwert und schlug Grendels Haupt ab, um einen Beweis für seine großen Taten zu haben. Das Schwert zischte und brannte wie ein Feuer in seiner Hand, dann löste es sich in Rauch auf, so übel war des Ungetüms Blut, das es gekostet hatte.

Mit dem Schwertgriff in der einen Hand und Grendels Kopf in der anderen stürzte sich Beowulf erneut in das üble Wasser. Er schwamm und schwamm nach oben, bis er schließlich Tageslicht über sich ausmachen konnte. Dann durchbrach sein Kopf die Wasseroberfläche und seine der Verzweiflung nahen Männer brachen in lauten Jubel aus, als sie sahen, dass Beowulf triumphierend zu ihnen zurückgekehrt war.

DER KAMPF MIT DEM DRACHEN

Beowulf und die Gauten kehrten in ihre Heimat zurück und der Segen und die guten Wünsche von Hrothgar und seinem Volk begleiteten die Männer. Viele Jahre lebte Beowulf dort und stieg schließlich zum König der Gauten auf.

Zahlreiche weitere Jahre vergingen, mindestens 50, dann stahl ein Sklave einen Becher aus dem Schatz eines Drachens. Dieser Drache lebte an den Grenzen von Beowulfs Land und der Diebstahl machte ihn so wütend, dass er alles Land im Umkreis um seine Höhle in Schutt und Asche legte. Beowulf und seine Getreuen verließen daraufhin ihre Methalle und erklärten, sie würden den Drachen herausfordern, wobei Beowulf, der letzte und größte aller Helden, sogleich deutlich machte, dass er sich dem Untier ganz alleine entgegenstellen werde. So kam es dann auch und der Drache ging mit Krallen und Feuer auf ihn los. Runde um Runde kämpften die beiden miteinander und alle Begleiter Beowulfs flohen aus Angst um ihr Leben – alle bis auf seinen Schildträger, Wiglaf den Getreuen. Er stand seinem Lehnsherrn zur Seite, unterstützte ihn und wurde Zeuge, wie der große Streiter Beowulf den Drachen schließlich erschlug und ihm den Kopf abtrennte als Beleg für seine Kühnheit.

TRINKBECHER UND DIEBE

Wenn man sich häufiger mit der skandinavischen Mythologie befasst, ist es unmöglich, nicht immer wieder auch bei J.R.R. Tolkien zu landen. In diesem Fall ist es natürlich die Geschichte einer Person, die einen Becher aus einem Drachenschatz stiehlt. Wer *Der kleine Hobbit* gelesen hat, dürfte an dieser Stelle aufgemerkt haben und sich gedacht haben: »Moment mal, das kommt mir doch bekannt vor!«

Doch auch Beowulf hatte aus diesem Kampf tödliche Verwundungen davongetragen. Während Wiglaf in seiner Verzweiflung einen Gesang an die Götter anstimmte, verließ der Geist des mächtigen Beowulfs seinen Körper und fuhr auf zu seinen Ahnen in Walhalla.

Mittlerweile waren die anderen Krieger zurückgekehrt. Beschämt von ihrer Feigheit errichteten sie einen gewaltigen Scheiterhaufen und platzierten den Leichnam ihres Königs Beowulf darauf. Dann verbrannten sie Beowulf, damit er sich seinen Vorfahren anschließen konnte. Begraben wurden die Überreste des mächtigsten aller Gautenkönige in einem Grabhügel, der vom Meer aus weithin sichtbar war.

DAS BEOWULF-MANUSKRIPT

Das war die Geschichte des Beowulf. Strenggenommen ist sie kein Wikinger-Mythos, weil sie auf Angelsächsisch niedergeschrieben wurde, aber es steht wohl außer Frage, dass die Geschichte den Skandinaviern vertraut und damit Teil der Wikinger-Mythologie war. Die Gauten kamen aus dem heutigen Schweden – Hrothgars Vorfahr Scyld herrschte über Schweden, insofern spielt das Gedicht an einem eindeutig skandinavischen Ort. Gleichzeitig unterstreicht es, welch enge Verbindungen zwischen England und Skandinavien im frühen Mittelalter existierten.

Wir können von großem Glück reden, dass wir das Gedicht heutzutage überhaupt noch kennen, denn es existiert nur in einem einzigen Manuskript, das aus dem späten 10. oder frühen 11. Jahrhundert stammt. Bedenkt man, wie rasch derartige Manuskripte zerstört wurden (vor allem während der englischen Reformation im 16. Jahrhundert), dann kommt es tatsächlich nahezu einem Wunder gleich, dass uns seine Existenz noch bekannt ist.

Das Manuskript wird als *Nowell Codex* bezeichnet und in der Universität Oxford aufbewahrt. J.R.R. Tolkien hat sich sehr ausführlich mit Beowulf befasst und eine Übersetzung des Manuskripts angefertigt, die erst vor kurzem veröffentlicht wurde. Seine wissenschaftliche Abhandlung *Beowulf – The Monster and the Critics* gilt als wichtiges Werk beim Studium der angelsächsischen Literatur.

Das Gedicht ist in einem Versmaß verfasst, bei dem die erste Hälfte jeder Zeile eine Alliteration zur zweiten Hälfte der Zeile bildet. Die meisten Gelehrten gehen davon aus, dass das Gedicht zunächst mündlich überliefert wurde und erst später dauerhaft niedergeschrieben wurde.

CHRISTLICHER EINFLUSS

Als viele der Wikingermythen erstmals schriftlich festgehalten wurden, waren die Autoren überwiegend Christen. Snorri Sturluson beispielsweise war Christ und in seinen Berichten über skandinavische Gottheiten spielen christliche Themen immer wieder eine Rolle.

Weiter scheint es unumstritten, dass die ersten Versionen des Gedichts heidnischen Ursprungs waren und christliche Einfügungen erst später vorgenommen wurde. Grendel beispielsweise wird als Nachfahr Kains bezeichnet, aber es gibt keinen Grund für die Annahme, dass er von Anfang an so beschrieben wird.

HEOROT

Hrothgars große Halle, wo der erste Teil des Gedichts spielt, scheint einem realen Gebäude nachempfunden zu sein. Im dänischen Lejre, wo Hrothgars Volk der Scyldinge vermutlich gelebt hat, ergaben Ausgrabungen, dass dort im 6. Jahrhundert eine große Halle entstanden ist – das wäre in etwa die Zeit, zu der die Handlung des Gedichts statt-findet.

In jedem Fall zeigt uns der Verfasser der Beowulf-Ge-schichte, welch zentrale Bedeutung die Halle für das Leben der Wikinger hatte:

> Da kam ihm der Wunsch
> Zu schaffen ein herrliches Hallengebäude,
> einen mächtigen Metsaal, wie Menschenkinder
> ihn niemals schöner erschauet hatten.

Es ist interessant, dass Heorot als Metsaal bezeichnet wird (der angelsächsische Begriff lautet *medo-ærn*). An anderer Stelle im Gedicht heißt es, Scyld Scefing, Kriegshäuptling und Vorfahr von Hrothgar, habe »oft grimme Feinde, viel mutige Krieger vom Metsitz verjagt«.

Wir können davon ausgehen, dass er nicht einfach die Bänke gestohlen hat, auf denen die Krieger beim Trinken hockten, sondern dass er stattdessen die Hallen seiner Wi-dersacher eroberte oder sie vernichtete.

So wie das Schiff bei den Raubzügen der Wikinger das wichtigste Element war, so war es die Halle für die Siedlun-gen der Wikinger. Hier versammelten sich die Krieger, tranken, aßen, maßen ihre Stärke und hörten zu, wie der Barde Mythen und Erzählungen rezitierte.

DER WETTSTREIT ZWISCHEN BEOWULF UND GRENDEL

Der Bericht über den Kampf, den sich Beowulf und Grendel in Heorot lieferten, lässt sich auch als Satire auf die traditionellen Kämpfe und Auseinandersetzungen lesen, die in den Hallen des Nordens normalerweise als Unterhaltung durchgingen. Die Krieger, die sich nicht trauen, sich in das Duell einzumischen, die ihr Häuptling mit dem Ungetüm austrägt, sind bei diesem Kräftemessen eine Art hochoffizielles Publikum.

DER SCHATZ VON SUTTON HOO

1939 begannen Archäologen im englischen East Anglia mit Untersuchungen an mehreren großen Grabhügeln. Praktisch sofort stießen sie auf ein Bootsgrab – eines der wichtigsten Bootsgräber, das je auf den britischen Inseln entdeckt wurde.

Leider war 1939 nicht das beste Jahr für archäologische Arbeiten, denn Großbritannien stand kurz vor einer militärischen Auseinandersetzung mit Deutschland. Sechs Jahre sollte der Krieg dauern und viele Teile Großbritanniens wurden das Ziel von Bombenangriffen. Sutton Hoo wurde deshalb wieder abgedeckt und die Historiker und Archäologen verbrachten die nächsten sechs Jahre in der

Hoffnung, dass sich keine deutsche Bombe oder Rakete auf das Gelände verirren werde.

1946 wurden die Untersuchungen der Fundstelle fortgesetzt und zu ihrer großen Freude konnten die Forscher feststellen, dass zwar die hölzernen Planken des Schiffs verrottet waren, die Form jedoch nahezu perfekt im Boden konserviert worden war. Tote wurden keine entdeckt, was nach allgemeinem Konsens der Archäologen daran liegt, dass der Boden ziemlich sauer ist und die Leichname deshalb zerstört hat.

Gefunden wurde allerdings ein üppiger Schatz an Artefakten und fast alle Fundstücke sind heute im Besitz des Britischen Museums. Unter anderem finden sich dort ein Helm, ein Schwert und diverse Schmuckstücke.

Was macht diesen Fund nun so dermaßen wichtig? Ein Grund ist der, dass er auf vielen Ebenen bestätigt, was uns *Beowulf* und andere Sagen der Wikinger über das mittelalterliche Leben in Skandinavien und Britannien schildern. Moderne Künstler stellen Wikinger gerne mit gehörnten Helmen dar, aber die Helme, mit denen sie in den Kampf zogen, sahen vermutlich eher aus wie diejenigen, die in Sutton Hoo gefunden wurden – metallene Flügel, die von einer eisernen Kappe herabhängen und Gesicht und Ohren bedecken, dabei aber Löcher für Augen und Mund freilassen. Der Sutton-Hoo-Helm ist stark verziert und da der Schatz sehr groß war, geht man davon aus, dass dort jemand sehr Wichtiges begraben wurde. In den 1940er-Jahren stellte der Gelehrte Henry Chadwick die Theorie auf, es habe sich um den ostanglischen König Raedwald gehandelt. Viele Experten stimmen dieser Theorie zu, es gibt allerdings keinen umfassenden Konsens.

Bemerkenswert ist die Fundstätte auch deshalb, weil dort keinerlei christliche Artefakte gefunden wurden. In dieser Hinsicht ähnelt Sutton Hoo den Begräbnisstätten, die man in Skandinavien entdeckte und die aus früheren Jahrhunderten stammen, aus einer Zeit also, als die Christianisierung noch nicht eingesetzt hatte. Die Könige von East Anglia zählten zu den letzten in Großbritannien, die zum Christentum übertraten, deshalb haben einige Gelehrte die Theorie aufgestellt, dass die Könige ihre Grabstellen ganz besonders reichhaltig schmücken ließen, um ihre Unabhängigkeit vom Christentum zu unterstreichen.

KAPITEL VIERZEHN

Ragnarök, das Ende der Welt

Die Wikinger hatten eine sehr genaue Vorstellung davon, wie die Welt enden würde. Natürlich ist Eschatologie ein Bestandteil zahlreicher Religionen, aber bei den Wikingern wurde der Weltuntergang sehr detailreich beschrieben. Ragnarök nannten sie das Ende und der Begriff kommt sowohl in der *Prosa-Edda* als auch in einem Gedicht der *Lieder-Edda* vor. Was er genau bedeutet, ist nicht abschließend geklärt, aber grob gesagt heißt er so viel wie »Die Vernichtung der Götter«.

Die ausführlichste Erklärung findet sich in der *Prosa-Edda*, als Gylfi fragt, was ihm die drei Könige über das Schicksal der Götter erzählen können.

WINTER UND ZWIST

Ankündigen wird sich Ragnarök durch radikale Veränderungen des Wetters. In der *Völuspa* heißt es:

> Der Sonne Schein dunkelt in kommenden Sommern;
> Alle Wetter wüten

Snorri schreibt, es würden drei Winter aufeinanderfolgen – den ersten werde man als den abscheulichen Winter bezeichnen und Schnee werde jede Ecke und jeden Winkel füllen und die Luft werde klirren vor Kälte. Der Wind werde an gefrorenen Leibern zerren und der Sonne werde es nicht gelingen, die Menschen zu wärmen. Zwischen den Wintern werde es keinen Sommer geben und in allen neun Welten werden die Menschen sich in Zwistigkeiten aufreiben. Freundschaftliche Bande werden verletzt, Kinder werden gemeinsam sündigen.

Diese Kämpfe unter den Menschen sind nur der Auftakt eines viel ernsteren Konflikts, der nun unter den Göttern einsetzt. Der Fenriswolf wird seine Fesseln abwerfen und er wird die Sonne verschlingen.

> Beilalter, Schwertalter, wo Schilde klaffen,
> Windzeit, Wolfszeit, eh die Welt zerstürzt.
> Der Eine achtet des Andern nicht mehr.

Heimdall, der die Brücke Bifröst bewacht, wird Gjallarhorn zum Mund führen und das Horn blasen. So warnt er die Götter Asgards, dass Ragnarök bevorsteht. Snorri schreibt, dass »so die Erde bebt und alle Berge, dass die Bäume entwurzelt werden, die Berge zusammenstürzen«.

Die Midgardschlange wird sich im Meer hin und herwerfen, bis Midgard überflutet wird. Das Schiff *Naglfar*, das aus den Fingernägeln und Fußnägeln der Toten gebaut ist, wird über die Meere segeln und am Ruder steht der Riese Hrym.

DER KRIEG ZWISCHEN RIESEN UND GÖTTERN

Jetzt schwillt der Fenriswolf auf gigantische Größe an und legt seine Kiefer um die Erde. Die Midgardschlange bläst Gift in die Luft, sodass es auf die Welt herabregnet. Mit gezückten Schwertern reiten die Riesen von Muspell heran, angeführt von Surtur, »vor und hinter ihm glühendes Feuer«. Sie reiten über Bifröst und die Brücke wird hinter ihnen einstürzen. Dann gelangen sie, begleitet vom Fenriswolf und der Midgardschlange, zu einem Feld namens Wigrid. Auch Loki, Hrym und die Eisriesen versammeln sich dort.

Heimdalls Horn hat alle Götter alarmiert und sie beratschlagen sich. Anschließend reitet Odin auf Sleipnir zu Mimirs Brunnen und holt sich Rat von Mimirs Kopf. Der Weltenbaum Yggdrasil erzittert und erfüllt alle Bewohner der neun Welten mit Furcht, unterdessen stellen sich die Asen zur Schlacht auf und reiten nach Wigrid.

Angeführt werden die Götter von Odin, der seine Rüstung trägt und seinen Speer Gungnir führt. Links und rechts von ihm sind Thor, der Mjölnir trägt, und Freyr. Ihnen gegenüber stehen der Fenriswolf, die Midgardschlange und Surtur. Der Fenriswolf knurrt und faucht Odin an, während ihm der Geifer von den Lefzen tropft. Die Midgardschlange will es mit Thor aufnehmen und ihr gewaltiger Leib zuckt hin und her.

Von tief unten ist ein gewaltiges Gebrüll zu hören, dann schießt der Hund Garm von den Toren Hels heran. Ihm hat das Schicksal den einhändigen Tyr als Gegner auserkoren. Als die Welt noch jung war, hatte Tyr tapfer eine Hand geopfert, damit die Götter den Fenriswolf binden konnten.

DIE KÄMPFE

Thor und die Midgardschlange prallen aufeinander. Wieder und wieder schlägt er auf das Untier ein, bis der gewaltige Wurm endlich tot zu seinen Füßen liegt. Neun Schritte tritt Thor von dem Leichnam zurück, dann bricht auch er tot zusammen – hingerafft von dem Gift, das die Midgardschlange versprüht hatte.

Unterdessen ringt Odin mit dem Fenriswolf. Seine Hände halten das Maul des Sonnenverschlingers offen. Die Muskeln des Gottes zittern vor Anstrengung, während das Tier versucht, sein Maul zu schließen. Der Wolf lässt ein langes, verhaltenes, das Herz gefrierendes Knurren hören, das auf der gesamten Welt zu hören ist. Dann, nur einen Wimpernschlag später, ist alles vorbei – der Wolf verschlingt den Gott in Gänze. Aber der Rachegott Widar hat gesehen, was geschehen ist. Er tritt hervor und stellt dem Fenriswolf einen Fuß auf den Unterkiefer. An dem Fuß trägt er einen Schuh aus den Lederflicken, die die Männer wegwerfen, wenn sie ihre Schuhe reparieren. Mit beiden Händen packt Widar den Oberkiefer des Wolfs und reißt das Tier in zwei Teile. Wie Regen prasselt Blut auf die Welt herab.

Unterdessen kämpft der Verräter Loki mit Heimdall. Viele Schläge tauschen sie aus und viele Wunden bringen sie sich gegenseitig bei. Zum Schluss rafft es beide dahin, erschlagen von ihrem Gegenüber.

> Schwarz wird die Sonne, die Erde sinkt ins Meer,
> Vom Himmel fallen die heitern Sterne;
> Glutwirbel umwühlen den allnährenden Weltbaum,
> Die heiße Lohe beleckt den Himmel.

DIE WIEDERGEBURT

Die Seelen der tapferen Krieger steigen in den Himmel auf, wo sie in Hallen einziehen. In Brimir und Sindri beispielsweise werden die Krieger erwartet, die reinen Herzens sind. Eidbrecher und böse Menschen dagegen werden nach Naströnd verbannt, »ein großer, aber übler Saal, dessen Türen nach Norden sehen. Er ist mit Schlangenrücken gedeckt, und die Häupter der Schlangen sind alle in das Haus hineingekehrt und speien Gift, dass Ströme davon durch den Saal rinnen, durch welche Eidbrüchige und Meuchelmörder waten«.

Wenn einige Zeit vergangen ist, wird die Erde sich wieder aus dem Wasser erheben, fruchtbar und schön, und einige Götter werden sich auf ihr niederlassen. Wedar und Wali werden dort sein und auch der Sohn Thors, der Mjölnir besitzt. Selbst Balder wird Hel verlassen und sich mit den überlebenden Göttern besprechen. Auf diese Weise wird die Erde erneuert und das Geschlecht des Menschen soll auf ihr gedeihen.

ZUM SCHLUSS

So schildert es Snorri Sturluson in der *Prosa-Edda*. In der *Völuspa* und anderen Gedichten der Edda werden weitere Einzelheiten hinzugefügt. Die Geschichte verdeutlicht uns, dass die Wikinger wie so viele andere Völker an einen endlosen Zyklus aus Geburt, Zerstörung und Wiedergeburt glauben. Für Menschen, denen ihr Leben oftmals flüchtig und von Gewalt erfüllt erschienen sein muss, denen ihre Existenz sehr anfällig für einen plötzlichen Tod oder eine schwere Verwundung erschienen sein muss, mag dies ein Trost gewesen sein.

Den anderen Bewohnern Westeuropas mögen die Wikinger oftmals als eine zerstörerische Kraft erschienen sein, die entsandt worden waren, um die Werke Gottes und der Menschen zu vernichten. Gleichzeitig waren sie jedoch eine zutiefst zivilisierende Kraft, die ihre Mythen und ihre Götter in alle Ecken des Kontinents und darüber hinaus trugen. Wir schulden ihnen sehr viel.

Glossar

A

Ägir Gott des Meeres, möglicherweise ein Riese.

Alfheim Eine der neun Welten, Heimat der Lichtelfen (siehe *Elfen*). Alfheim liegt zusammen mit Asgard und Wanenheim auf der oberen Ebene der Welten.

Andvaranaut Ein Ring aus dem Schatz des Drachen Fafnir, den dieser Andwari gestohlen hat. Wie der Rest des Schatzes ist auch der Ring Andvaranaut mit einem Fluch belegt und bringt allen Menschen Unglück, die ihn besitzen.

Andwari Ein Zwerg, der einen großen Schatz besitzt. Dieser Schatz wird ihm von Loki und Odin abgenommen, die Hreidmars Sohn Otter erschlagen haben und den Schatz nun dazu nutzen, ihre Schuld zu begleichen. Bevor die Asengötter den Schatz mitnehmen, verflucht der Zwerg ihn.

Angrboda Die Riesin ist mit Loki verheiratet und die Mutter der Midgardschlange Jörmungandr, von Hel und vom Fenriswolf. Siehe *Loki*.

L'Anse aux Meadows Ort in Neufundland, wo Leif Erikson über 500 Jahre vor Christoph Kolumbus die erste europäische Siedlung in Nordamerika anlegte.

Asen Eine der beiden Göttergeschlechter der Wikinger (siehe *Wanen*). Zu den Asen zählen Odin, Thor, Frigg, Balder und Tyr.

Asgard Eine der neun Welten und die Heimat der Asen und Wanen. Sie ist von einer hohen (aber nicht ganz fertiggestellten) Mauer umgeben, die von einem Riesen errichtet wurde. Hier liegt auch Walhalla.

Audhumbla Eine Kuh, die aus dem Ur-Ton der Welt erschaffen wird und mit ihrer Milch den Riesen Ymir ernährt. Sie leckt den salzigen Rand von Ginnungagap ab und legt dabei die Umrisse eines Mannes aus dem Salz frei, der später der Vater Odins wird.

B

Balder Der Sohn von Odin und Frigg ist der Schönste der Asen. Manipuliert von Loki tötet Hödur versehentlich Balder. Loki wird daraufhin von den Göttern gefangen und gefesselt.

Beowulf Held und späterer König des skandinavischen Volks der Gauten. Er kommt dem Scyldinger-Häuptling Hrothgar zu Hilfe, als dessen Halle Heorot von einem Ungetüm angegriffen wird. Beowulf bezwingt sowohl das Ungetüm Grendel wie auch dessen Mutter. Viele Jahre später erschlägt er einen Drachen, wird dabei jedoch selber tödlich verletzt.

Bifröst Die dreifarbige Regenbogenbrücke, die Midgard und Asgard miteinander verbindet. Sie endet bei Heimdalls Halle Himinbjörg. Heimdall bewacht die Brücke, um die Götter vor einer Invasion der Riesen warnen zu können.

Billings Tochter Eine Frau, in die sich Odin verliebt. Sie jedoch führt ihn aufs Glatteis, flieht vor seinen Avancen und lässt an ihrer Stelle eine Hündin zurück. Der Vorfall bringt den Allvater dazu, über die Treulosigkeit der Frauen zu sinnieren.

Börr Sohn des Buri (siehe *Buri)*. Mit seiner Frau Bestla, der Tochter eines Riesen, zeugt er Odin.

Bragi Der Gott der Poesie. Seine Tochter Nanna ist mit Balder verheiratet.

Brisingamen Ein Halsband, das vier Zwerge erschaffen haben. Die Göttin Freya erhält das Halsband, nachdem sie einwilligt, mit jedem der vier Zwerge zu schlafen. Das Halsband funkelt, als stünde es in Flammen.

Brunnen von Urd Eine Quelle in Asgard, die unterhalb des Weltenbaums Yggdrasil liegt. Hier kommen die Götter zusammen, um Recht zu sprechen.

Brynhild Eine Walküre und in der Wälsungen-Saga die Geliebte von Sigurd. Es ist eine tragische Beziehung. Brynhild liebt Sigurd mehr als alle anderen Männer, aber sie weiß, dass die beiden niemals heiraten werden. Als Sigurd nach seinem Tod auf dem Scheiterhaufen verbrannt werden soll, steigt sie zu ihm, damit sie wenigstens im Tod mit ihm verbunden ist.

Buri Der Mann, den die Kuh Audhumbla aus dem Eis von Ginnungagap herausgeleckt hat. Er ist der Vater von Börr und der Großvater Odins.

D

Danelag Das Gebiet in England, das die Wikinger und deren Nachfahren vom 9. bis zum 11. Jahrhundert kontrollierten. Seinen Höhepunkt erreichte das Danelag unter Knut dem Großen, der das vereinigte England, Norwegen und Dänemark regierte.

Draupnir Ein Armreif, den Zwerge für Odin herstellen. Er legt ihn auf den Scheiterhaufen, der für seinen Sohn Balder errichtet wird.

Dvergatal Eine Auflistung von Zwergennamen. Sie ist zwar Teil der *Völuspa*, aber viele Gelehrte gehen davon aus, dass dieser Katalog kein Teil des ursprünglichen Gedichts war, sondern erst später hinzugefügt wurde.

E

Eikthyrnir Ein Hirsch, der auf Walhalla lebt. Von seinem Geweih tropft Flüssigkeit herab und fließt nach Hwergelmir in Niflheim.

Elfen Menschen bekommen nur selten Elfen zu Gesicht. Es gibt Lichtelfen, die oberirdisch leben und Menschen lieben, und es gibt Dunkelelfen, die unterirdisch leben und ein böses Wesen haben.

Erik der Rote (950– um 1003) Ein nordischer Wikinger und Vater von Leif Eriksson. Er gründete die ersten Siedlungen der Wikinger in Grönland.

F

Fafnir Sohn von Hreidmar, Bruder von Otter und Regin. Er giert nach dem Gold, das sein Vater als Entschädigung erhielt, nachdem Götter Otter erschlugen. Er stiehlt das Gold und verwandelt sich in einen Lindwurm. In dieser Form wird er von Sigurd dem Wälsungen erschlagen.

Fenriswolf Eines der Kinder von Loki (die anderen beiden sind die Midgardschlange und Hel). Der Fenriswolf wird von den Göttern in Ketten geschlagen, aber wenn Ragnarök kommt, wird er sich befreien und Odin in einem Stück verschlingen.

Fjalar Einer der beiden Zwerge, die Kvasir töten (siehe *Galar* und *Kvasir*).

Freya Die Göttin der Schönheit und der Liebe. Ihr Streitwagen wird von Katzen gezogen und sie trägt das Halsband Brisingamen. Sie weint Tränen aus Gold, als sie den Verlust ihres Gemahls beklagt. Ihre Halle heißt Sessrumnir und steht in Folkwang in Asgard. Freya gehört zu den Wanen und wird nach dem Konflikt zwischen Asen und Wanen als Geisel ausgetauscht.

Freyr Einer der Wanen, Bruder Freyas und Sohn des Njörd. Er steht für Fruchtbarkeit und sakrales Königtum. Er liebt die Riesin Gerdr, aber um sie zu heiraten, muss er sein magisches Schwert weggeben. Die Waffe wird ihm bei Ragnarök fehlen, sodass er dort von Surtur erschlagen wird.

Frigg Die Göttin des Friedens und die Gemahlin Odins. Sie kennt das Schicksal aller, spricht jedoch nicht darüber.

G

Galar Einer der zwei Zwerge, die Kvasir töten (siehe *Fjalar* und *Kvasir*).

Garm Der Hund, der den Eingang zur Unterwelt Hel bewacht.

Gjallarhorn Heimdalls Horn. Er steht an der Brücke Bifröst und wenn Ragnarök anbricht, wird Heimdall das Gjallarhorn blasen und die Asen warnen.

Gladsheim Der Teil Asgards, in dem Walhalla liegt.

Gleipnir Die Kette, mit deren Hilfe die Götter den Fenriswolf fesseln.

Grendel Ein Ungetüm, das die von Hrothgar erbaute Halle Heorot angreift und viele Gefolgsleute des Königs tötet. Später greift das Monster auch Beowulf an, unterliegt ihm jedoch. Beowulf reißt Grendel einen Arm ab, der Unhold zieht sich darauf in seine Höhle zurück und stirbt dort einen schmerzvollen Tod.

Gudrun Tochter von Gjuki, Gemahlin von Sigurd dem Wälsungen.

Gungnir Odins magischer Speer. Der Göttervater hat ihn von Loki erhalten, der ihn sich von den Zwergen beschaffte. Der Speer trifft immer sein Ziel und Odin wird an Ragnarök mit ihm in den letzten Kampf ziehen, wenn er dem Fenriswolf gegenübertritt.

Gunnar Sohn von Gjuki, Bruder Gudruns. Er umwirbt und heiratet Brynhild, obwohl es eigentlich der als Gunnar verkleidete Sigurd ist, der die Brautwerbung unternimmt.

Gunnlöd Tochter des Riesen Suttung, der sie beauftragt hat, den Skaldenmet zu bewachen. Dem verkleideten Odin jedoch gelingt es, sie zu verführen und ihr einen Streich zu spielen, der dazu führt, dass er den Met stiehlt und damit nach Asgard zurückkehrt (siehe *Skaldenmet* und *Suttung*).

Guthrum (gestorben 890) Der Wikingerhäuptling geht mit König Alfred von Wessex eine Vereinbarung ein, die das Danelag begründete. Eine der Bedingungen des Abkommens lautete, dass Guthrum zum Christentum übertritt. Das tat er und nahm den Namen Aethelstan an.

Gylfi Der sagenhafte erste König Skandinaviens und die Hauptfigur der *Gylfaginning*, einem Teil der *Prosa-Edda*. In der *Gylfaginning* wird geschildert, wie Gylfi, der sich als Gangleri ausgibt, nach Asgard reist und drei mysteriöse Figuren über die Götter und die neun Welten ausfragt.

H

Harald Schönhaar (um 850– um 932) Erster König Norwegens. Er regierte von etwa 872 bis 930.

Heimdall Bewacht die Brücke Bifröst und hält Ausschau, ob Ragnarök angebrochen ist. Er ist der Sohn von neun Müttern und heißt auch der »Goldzähnige«.

Hel Es gibt einen Ort und eine Person, die so heißen. An den Ort kommen die Seelen nach dem Tod, allerdings steigen die Seelen heldenhafter Krieger nach Walhalla auf. Hel liegt in der dunklen, kalten Welt von Niflheim und wird von Hel regiert, Lokis jüngster Tochter. Sie wird zumeist als alte Hexe dargestellt.

Helgi Sohn von Sigmund und ein Anführer der Wälsungen.

Heorot Die Halle wird von Hrothgar gebaut und von Grendel angegriffen, bis Beowulf eintritt und die Verteidigung Heorots übernimmt.

Hermodr Odins Sohn reist nach Hel und bittet dort darum, dass die Seele des getöteten Balders nach Asgard zurückkehren darf.

Hlidskialf Odins Thron. Hier sitzt er und beobachtet das Geschehen in den neun Welten. Gelegentlich wird Hlidskialf auch als Unterkunft dargestellt, die Odins Thron beherbergt.

Hreidmar Vater von Otter, Fafnir und Regin. Nachdem Loki Otter tötet, verlangt Hreidmar als Entschädigung einen Schatz.

Hrothgar Häuptling der Scyldinge, Erbauer von Heorot. Als seine Halle von dem Ungetüm Grendel angegriffen wird, kommt ihm Beowulf zu Hilfe.

Hrungnir Odin lernt den Riesen kennen, der später ein Duell mit Thor austrägt. Er kommt bei dem Zweikampf ums Leben, aber ein Teil seines Schleifsteins bleibt in Thors Schädel stecken.

Hugi Thor und Loki lernen diesen Riesen in Utgard kennen. Hugi besiegt Thors Diener Thialfi im Wettlauf. Später stellt sich heraus, dass es sich bei Hugi in Wahrheit um die Gedanken des Riesen Utgardlokis handelt.

Hugin Einer von zwei Raben (siehe *Munin*), die auf Odins Schultern sitzen. Hugin bedeutet »Gedanke«. Jeden Tag fliegen die Raben durch die neun Welten und berichten Odin alles, was dort geschehen ist.

Hwergelmir Einer der Orte, an denen die Wurzeln des Weltenbaums Yggdrasil enden. Hwergelmir liegt in Niflheim und ist die Quelle allen Wassers in der Welt.

Hymir Ein Riese, mit dem Thor fischen geht. Thor hätte dabei um ein Haar die Midgardschlange gefangen, doch den Riesen packt die Angst und er durchtrennt Thors Schnur.

I

Idun Die Gemahlin von Bragi und Hüterin der magischen Äpfel, die dafür sorgen, dass die Götter ewige Jugend genießen. Loki hilft dem Riesen Thiazi dabei, Idun und ihre Äpfel zu entführen.

J

Jötunheim Eine der neun Welten und die Heimat der Riesen. Sie wird dominiert von der Festung Utgard.

K

Knut der Große (um 995–1035) Herrscher des Danelags und später König des vereinten Englands, Dänemarks und Norwegens. Er ist der größte Dänenkönig Britanniens.

Kvasir Ein Weiser, den die Götter am Ende des Kriegs zwischen Asen und Wanen erschaffen. Er reist durch die Welt, um Streitigkeiten beizulegen. Auf seinen Reisen lernt er zwei Zwerge kennen, die ihn töten und aus seinem Leichnam den Skaldenmet brauen.

Ł

Leif Eriksson Sohn von Erik dem Roten. Mit seinen Gefolgsleuten reiste er weit in den Westen bis nach Neufundland und möglicherweise auch bis zur Mündung des Sankt-Lorenz-Seewegs. Sie tauften das von ihnen entdeckte Land auf den Namen Vinland.

Lieder-Edda Eine Sammlung von Poesie über die Taten von Göttern und Helden. Kapitel 4 enthält eine vollständige Inhaltsangabe der *Lieder-Edda*. Die Gedichte haben unterschiedliche Autoren und entstanden zu unterschiedlichen Zeiten, aber die wichtigste Version, der *Codex Regius*, wurde im 13. Jahrhundert erstellt. Snorri Sturluson hat sich aus diesem Werk für seine *Prosa-Edda* bedient.

Logi Ein Riese, den Thor und Loki in Utgard kennenlernen und der Loki bei einem Wettessen besiegt. Tatsächlich handelt es sich bei Logi um das Lauffeuer persönlich.

Loki Ein Possenspieler, der einigen Quellen zufolge ein Gott ist, anderen Quellen zufolge ein Riese. Mit der Riesin Angrboda zeugt er die Midgardschlange, den Fenriswolf und Hel. In der Gestalt einer Stute bringt Loki Odins achtbeiniges Ross Sleipnir zur Welt. Weil er den Tod von Balder, dem beliebtesten aller Götter, verschuldet, wird Loki gefesselt und man platziert eine Schlange über seinem Gesicht, die ihn ständig mit Gift beträufelt.

M

Magni Thors Sohn, den er mit der Riesin Jarnsaxa gezeugt hat. Er hat die Stärke beider Elternteile geerbt und ist schon als Kleinkind zu unglaublichen Kraftakten fähig.

Menglada In sie verliebt sich der Held Swipdagr. Sie lebt im Land der Riesen in einer Feste, die vom Riesen Fjölswidr bewacht wird. Swipdagr gelingt es schließlich, ihre Liebe zu erobern.

Midgard Mittelerde, eine der neun Welten. Hier leben die Menschen. Die Götter reisen häufig nach Midgard, sei es auf der Suche nach Abenteuern oder um sich mit den Einwohnern auszutauschen. Midgard ist von einem gewaltigen Ozean umgeben, in dem die Midgardschlange liegt.

Midgardschlange Die Midgardschlange Jörmungandr ist ein Kind von Loki und Angrboda. Als Odin Midgard erschafft, wirft er die Schlange in das Meer rund um die Welt. Die Schlange kreist die Welt einmal komplett ein und beißt sich in den eigenen Schwanz.

Mimir Ein weiser Gott. Nach dem Konflikt zwischen Asen und Wanen kommt der Ase Mimir als Geisel zu den Wanen. Doch bei den Wanen wächst die Überzeugung, bei dem Geiselaustausch betrogen worden zu sein, deshalb schlagen sie Mimir den Kopf ab. Sie schicken Odin den Kopf zu und er konserviert ihn. Fortan kann er sich, wann immer er möchte, Rat bei dem weisen Mimir holen.

Mjölnir Thors Hammer, geschaffen von Zwergenhand. Der Hammer hat einen sehr kurzen Griff, ein Fehler bei der Herstellung. Mit diesem Hammer erschlägt Thor Riesen, die Feinde der Asen und Wanen. Der Riese Thrym stiehlt Mjölnir, aber mit der Hilfe von Loki kann Thor seinen Hammer zurückerlangen.

Munin Einer von zwei Raben (siehe *Hugin*), die auf Odins Schultern sitzen. Munin bedeutet »Gedächtnis«. Jeden Tag fliegen die Raben durch die neun Welten und berichten Odin alles, was dort geschehen ist.

Muspell Bevor die Welt erschaffen wurde, gab es zwei Reiche. Muspell lag im Süden und war von Feuer überzogen und heiß. Nachdem der Kosmos erschaffen worden war, wurde aus Muspell Muspellsheim, eine der neun Welten.

Muspellsheim Eine der neun Welten, ein Ort des Feuers. Sie wird vom Riesen Surtur bewacht, der am Ende der Welt den Gott Freyr besiegen wird (siehe *Ragnarök*).

N

Nanna Die Gemahlin von Balder stirbt bei dessen Begräbnis vor Kummer. Sie wird auf einem Scheiterhaufen mit ihrem Mann verbrannt. In dem Werk *Gesta Danorum* von Saxo Grammaticus ist sie ein menschliches Wesen, das sowohl von Balder als auch von Hödur geliebt wird.

Narfi Lokis Sohn wird von seinem Bruder Wali zerfleischt, nachdem Odin Wali in einen Wolf verwandelt hat. Die Götter verwenden Narfis Gedärm dazu, Loki an einen Felsen zu fesseln.

Naströnd Die Halle, in die nach Ragnarök die Mörder und Eidbrecher verbannt werden.

Nidawellir Die Heimat der Dunkelelfen. Siehe auch *Svartalfheim*.

Nidhöggr Ein schlangenartiger Drache, der unentwegt an den Wurzeln von Yggdrasil nagt. Gleichzeitig frisst er auch die Leichen der Kreaturen, die sich des Mordes, der Vergewaltigung oder des Eidbruchs schuldig gemacht haben.

Niflheim Eines der beiden Reiche, die vor der Erschaffung der Welt existierte. Niflheim lag im Norden, war dunkel und kalt. Hier hatten elf Flüsse ihre Quelle, deren Wasser in die »gähnende Schlucht« (Ginnungagap) zwischen Muspell und Niflheim stürzt. Nach der Erschaffung der Welt wurde Niflheim eine der neun Welten und der Ort, an dem Hel liegt.

Njörd Vater von Freya und Freyr, Gott der Boote und des Handels. Er ist einer der Wanen, die nach dem Konflikt zwischen den beiden Göttergruppen als Geisel zu den Asen entsandt wird.

O

Odin Der Allvater, Vater und Anführer der Götter Asgards. Er ist der Gott der Ekstase und der Poesie, aber auch der Gott des Kampfs. Er erhält die Hälfte aller Krieger, die auf dem Schlachtfeld sterben. Die Helden heißt er in der Halle Walhalla in Asgard willkommen. Er besitzt den Skaldenmet und er hing neun Tage und neun Nächte am Weltenbaum Yggdrasil, um das Wissen um die Runen zu erlangen. Er stirbt an Ragnarök, weil ihn der Fenriswolf in einem Stück verschlingt.

Oseberg-Schiff Ein Wikingerschiff, das 1903 im norwegischen Slagen entdeckt wurde. Es gehört zu den am besten erhaltenen und vollständigsten noch existierenden Beispielen eines Wikingerschiffs. Das Oseberg-Schiff stammt aus dem 9. Jahrhundert.

P

Prosa-Edda Snorri Sturluson hat dieses Werk in der ersten Hälfte des 13. Jahrhunderts geschrieben. Das Werk enthält einen Prolog, die *Gylfaginning*, die *Skaldskaparmal* und das *Hattatal*. Die *Prosa-Edda* zählt zu den wichtigsten Informationsquellen, was skandinavische Mythologie und Literatur angeht.

R

Ragnarök Der skandinavische Mythos vom Ende der Welt. An Ragnarök werden die Götter mit Ungeheuern wie der Midgardschlange und dem Fenriswolf kämpfen. Die Erde liegt nach diesen Auseinandersetzungen in Trümmern, aber aus diesen Ruinen wird eine neue Welt entstehen.

Regin Der Lehrer Sigurds. Selbstsucht treibt ihn dazu, die Macht des Wälsungen für seine eigenen Ziele nutzen zu wollen. Als Sigurd die Manipulation durchschaut, tötet er Regin.

Rig Ein Gott, der mit drei Frauen schläft und auf diese Weise zum Stammvater der drei unterschiedlichen Gesellschaftsschichten wird. Die erste Frau wird zur Urmutter der Leibeigenen, die zweite zur Urmutter der freien Männer und die dritte zur Urmutter der vornehmen Krieger.

Rollo (um 863– um 940) Wikinger-Häuptling, dem der französische König Karl der Einfältige ein großes Stück Land übertrug – die heutige Normandie, die ihren Namen von den Nordmannen hat. Im Gegenzug stellte Rollo seine Männer in den Dienst des Frankenstaats.

Runen Eine Schriftform, die häufig für magische Inschriften verwendet wurde und in der gesamten germanischen Welt weit verbreitet war. Die Runenreihe heißt nach seinen ersten sechs Zeichen auch Futhark. Odin lernte die Geheimnisse der Runenschrift, indem er neun Nächte von den Ästen des Weltenbaums Yggdrasil hing.

Rus Als Rus wurden die Wikinger bezeichnet, die die Ostsee überquerten und Richtung Osten bis nach Konstantinopel vorstießen. Später begründeten sie die Nation der Kiewer Rus, aus der mit der Zeit Russland wurde.

S

Saxo Grammaticus (um 1150– um 1220) Ein Chronist aus dem 12. Jahrhundert, der die *Gesta Danorum* verfasste. Das Werk ist eine wichtige Quelle für die Geschichte und die Mythen der Wikingerzeit.

Sif Thors Ehefrau. Ihr wunderschönes goldenes Haar ist ihr ganzer Stolz – bis sich Loki einen Streich erlaubt und es ihr abschneidet.

Siggeir König von Gotland und Gatte der Signy, der Tochter von Wälsung und der Riesentochter Liod. Später verrät er die Wälsungen und wird dafür von Wälsung und Sigmund getötet.

Sigmund Sohn von Wälsung und der Riesentochter Liod. Er wird von seinem Schwager in einen Hinterhalt gelockt, überlebt jedoch und zeugt später Sigurd.

Signy Die Gattin von Loki. Nachdem er in Fesseln geschlagen wird, hängen die Götter eine Giftschlange so über ihm auf, dass ihm ihr Gift ins Gesicht tropft. Signy fängt das Gift in einer Holzschale auf und leert diese in ein Felsbecken, wenn die Schale voll ist. Weil während dieser Zeit das Gift weiter tropft, windet sich Loki vor Schmerz.

Sigurd der Drachentöter. Sohn des Sigmund, Geliebter der Brynhild, Ehemann von Gudrun. Er ist der Held der Wälsungensaga.

Sinfiötli Der Sohn von Signy und ihrem Bruder Sigmund.

Siöfn Göttin der Liebe und der Liebenden.

Skadi Frau des Njörd. Sie ist eine Riesin und eine Schutz-
göttin der Jagd. In einigen Berichten tötet Njörd ihren
Vater Thiazi und heiratet Skadi als Wiedergutmachung.
(In der Geschichte von Iduns Äpfeln ist es Thor, der
Thiazi tötet.) Später verlässt sie Njörd und heiratet
Odin, mit dem sie viele Kinder hat. Als die Götter Loki
in Fesseln schlagen, ist es Skadi, die die Giftschlange
über seinem Gesicht aufhängt, damit sie bis in alle
Ewigkeit ihr Gift auf Lokis Gesicht tropfen lässt.

Skaldenmet Ein wundersamer Met, den die Zwerge Fjalar
und Galar aus dem Leichnam von Kvasir gebraut haben, einem Weisen, den die Asen und Wanen erschufen. Durch Tricksereien bringt Odin Teile des Mets in
seine Gewalt und nimmt ihn mit nach Asgard.

Skidbladnir Ein Schiff, das die Zwerge für Freyr gebaut
haben. Es ist groß genug, alle Götter aus Asgard transportieren zu können. Wird es nicht benutzt, lässt es sich
so zusammenlegen, dass es nicht größer als ein Stück
Pergament ist.

Skrymir siehe *Utgardloki*.

Sleipnir Das achtbeinige Ross, auf dem Odin reitet. Loki nimmt die Gestalt einer Stute an, um den magischen Hengst Svadilfari abzulenken. Der Hengst besteigt Loki und zeugt dabei Sleipnir. Nach Balders Tod reitet Hermodr auf Sleipnir nach Hel, um die Rückgabe des Gottes zu erbitten.

Snorri Sturluson (1179–1241) Dichter und Politiker, Autor der *Prosa-Edda*, der *Heimskringla* und möglicherweise auch der *Saga von Egil Skalla-Grimsson*. Seine Arbeit ist eine der wichtigsten Quellen, die wir über die Mythen der Wikinger besitzen.

Suttung Nachdem die Zwerge Fjalar und Galar seinen Vater Gilling erschlagen, rächt sich Suttung, indem er ihnen den Skaldenmet wegnimmt. Allerdings wird ihm seinerseits ein Großteil des Mets von Odin geraubt (siehe *Skaldenmet* und *Fjalar* und *Galar*).

Svadilfari Ein magisches Pferd, das einem Riesen beim Bau der Mauer rund um Asgard hilft. Weil das Pferd den ganzen Tag und die ganze Nacht durch arbeitet, steht der Riese kurz davor, den Mauerbau pünktlich abzuschließen. Wäre ihm das gelungen, hätten die Götter ihm Freya, die Sonne und den Mond abtreten müssen. Doch dann verwandelt sich Loki in eine Stute, lenkt Svadilfari ab und die Mauer wird nicht fertiggestellt.

Svartalfheim Schwarzalbenheim. Eine der neun Welten und die Heimat der Zwerge.

Swipdagr Sohn der Seherin Groa. Ihm ist vom Schicksal vorbestimmt, die wunderschöne Menglada zu finden und ihr seine Liebe zu erklären. Sie wird von einem Riesen bewacht, doch Swipdagr ist erfolgreich, sodass die beiden Liebenden zueinanderkommen.

T

Thialfi Ein Diener Thors. Als Thor und Loki die Festung Utgard im Land der Riesen besuchen, tritt Thialfi zu einem Wettrennen an, wird aber (mit einem Trick) besiegt.

Thiazi Ein Riese. Vater von Skadi, der Frau des Wanengotts Njörd. Thiazi steckt hinter dem Diebstahl von Iduns Äpfeln. Geholfen bei dem Diebstahl hat ihm Loki.

Thökk Die Riesin ist das einzige Wesen in allen neun Welten, das sich weigert, wegen Balders Tod Tränen zu vergießen. Damit verurteilt sie ihn dazu, in Hel zu bleiben. Einige Götter vermuten, dass Thökk in Wahrheit der verkleidete Loki ist, der es darauf anlegt, die Wünsche von Odin und Frigg zu vereiteln.

Thor Der Donnergott ist der Sohn Odins. Bewaffnet mit seinem Hammer Mjölnir reitet er auf einem Streitwagen umher, der von den Ziegen »Zähneknisterer« und »Zähneknirscher« gezogen wird. Nur sein Hammer kann die Asen und Wanen vor den Riesen schützen.

Thrym Ein König der Riesen. Er stiehlt Thors Hammer Mjölnir. Mit einem Trick gelingt es Loki und Thor, den Hammer zurückzuerlangen, woraufhin Thor Thrym mit Mjölnir erschlägt.

Tyr Der Gott des Heldentums und des Rechts. Er hat nur noch eine Hand, die andere verliert er, als die Götter den Fenriswolf fangen und fesseln.

U

Utgard Die Festung und das Reich, über das der Riese Utgardloki herrscht.

Utgardloki Thor und Loki statten der Festung dieses Riesen einen Besuch ab. Der Riese hat sich zuvor als der Riese Skrymir getarnt und den Göttern einige Streiche gespielt, die Thor sehr wütend machen.

V

Vinland Ein Gebiet in Nordamerika, das von Leif Eriksson entdeckt wurde. Vermutlich lag es um die Mündung des Sankt-Lorenz-Seewegs herum.

Völuspa Ein Gedicht über die Entstehung der Welt, Teil der *Lieder-Edda*.

W

Walhalla Odins Halle der Helden steht in Asgard. Die Hälfte aller Seelen derer, die heldenhaft im Kampfe fallen, werden hier aufgenommen und verbringen hier die Zeit bis Ragnarök.

Wali Der Sohn von Odin und Rind.

Walküren Kriegerische Frauen, die die Seelen der auf dem Schlachtfeld gestorbenen Helden nach Walhalla begleiten und sie dort bedienen.

Wälsung Anführer des Stamms der Wälsungen, Vater von Sigmund und Signy.

Wanen Eine der beiden Göttergeschlechter (siehe *Asen*). Zu den Wanen zählen Njörd, Freyr, Freya und andere Götter, die nur am Rande erwähnt werden. Der Wanen-Kult hing möglicherweise mit Fruchtbarkeitsritualen zusammen.

Widar Er wird auch der »stumme Gott« genannt. Während Ragnarök tötet er den Fenriswolf mithilfe seines Schuhs. Widar ist der Gott der Rache.

Wili und We Odins Brüder. Sie helfen ihm, den Riesen Ymir zu vernichten, und nutzen den Leichnam dann dazu, die Welt zu erschaffen.

Wodan deutscher Name Odins.

Y

Yggdrasil In der nordischen Mythologie der Weltenbaum. Yggdrasil ist eine Esche und ihr Stamm und ihre Äste verlaufen durch alle neun Welten. Eine Wurzel ist in Asgard am Brunnen der Urd, eine zweite in Niflheim über der Quelle Mimirs, eine dritte in Jötunheim an der Stelle, wo früher Ginnungagap existierte.

Ymir Der Riese, der zu Anbeginn der Welt vom Eis in Ginnungagap gebildet wird. Odin und seine Brüder erbauen die Welt aus Ymirs Leib. In der *Prosa-Edda* wird er als »Vater aller Eisriesen« bezeichnet.

Z

Zwerge In der Mythologie der Wikinger leben die Zwerge in Schwarzalbenheim. Sie gelten als hervorragende Handwerker, werden aber als generell klein, hässlich und übellaunig beschrieben. Ihre Launen bringen sie immer wieder in Konflikt mit den Göttern. Die Zwerge wurden aus dem Leichnam des Ur-Riesen Ymir erschaffen.

Bibliografie

Allan, Tony, *The Vikings: Life, Myth, and Art.* New York: Barnes & Noble, 2004.

Bellows, Henry Adams, *The Poetic Edda.* Princeton: Princeton University Press, 1936.

Beowulf: A Dual-Language Edition. Übersetzung: Howell D. Chickering, Jr. Garden City, NY: Anchor Books, 1977.

Craigie, W.A., *The Religion of Ancient Scandinavia.* New York: Pyrrhus Press, Neuauflage 2014.

Crossley-Holland, Kevin, *The Norse Myths.* New York: Pantheon, 1980.

Davidson, H.R. Ellis, *Gods and Myths of Northern Europe*. New York: Penguin, 1965.

Ferguson, Robert, *The Vikings: A History*. New York: Penguin, 2009.

Graham-Campbell, James, und Dafydd Kidd, *The Vikings*. New York: William Morrow, 1980.

Pye, Michael, *The Edge of the World: A Cultural History of the North Sea and the Transformation of Europe*. London: Pegasus, 2016. [dt. Titel: *Am Rand der Welt: Eine Geschichte der Nordsee und der Anfänge Europas*. S. Fischer, 2017]

Roesdahl, Else, *The Vikings* (überarbeitete Ausgabe). New York: Penguin, 1998.

Rosenberg, Donna, *World Mythology: An Anthology of the Great Myths and Epics* (2. Auflage). Lincolnwood, IL: NTC Publishing Group, 1994.

Smiley, Jane (Hrsg.), *The Sagas of Icelanders*. New York: Penguin, 2000.

Sturluson, Snorri, *The Prose Edda.* Übersetzung: Jesse L. Byock. New York: Penguin, 2005. [dt. Titel: *Edda – Die Götter- und Heldenlieder der Germanen.* Anaconda, 2017]

Wernick, Robert, und andere, *The Vikings: The Seafarers.* Alexandria, VA: Time-Life Books, 1979. [dt. Titel: *Die Seefahrer: Die Wikinger.* Time Life, 1980]

Register

A

Ägir 65, 125 f., 130
Alfheim 98 f.
Alfred von Wessex, König 15,
23, 33f.
Alfrigg 159 f.
Alkuin von York 14 f.
Althing 62
Andvaranaut 221, 223
Andwari 206 f.
Angelsächsische Chronik 33
Angrboda 120
Asen 64 ff., 70, 81f., 84 f., 89,
96, 99, 125 ff.
Asgard 64, 84, 86, 96 f.,
177
Ask 84
Audhumbla 81

B

Balder 70, 127, 183 ff., 191,
246
Baugi 91 f.
Beowulf 227–240
Bergelmir 82
Berlingr 159 f.
Bifröst 84, 105, 243
Billings Tochter 118
Boru, Brian 19
Bragi 65, 129
Branstock 197
Brattahlid 30
Brimir 245
Brisingamen 159 ff.
Brokk 141 f.
Brunnen der Urd 104 f.
Brynhild 87, 196, 213–225

C

Chronik, Angelsächsische 33
Codex Regius 69
Codex Wormianus 47
Contarf, Schlacht von 19
Cuertdale 23

D

Danegeld 34
Danelag 15, 23, 35 ff.
Donar *siehe Thor*
Draupnir 141
Dunkelalben *siehe Dunkelelfen*
Dunkelelfen 95, 100
Dvalin 159 f.

E

Edda
   Ältere Edda 67
   Lieder-Edda 68 f., 76, 84,
   138, 142, 158, 176, 241
   Prosa-Edda 63 f., 67 ff., 76,
   82 f., 96, 114, 158, 167, 183,
   241, 246
Edington, Schlacht von 32 f.
Eduard der Bekenner, König
   von England 24
Eikthyrnir 106
Eir 133
Eisriesen 243
Elfen 88, 94 f.

Elli 151
Embla 84
Erik der Rote 17, 28 f.
Erikson, Leif 16 f., 27 ff.
Ethelred, König von Wessex und
   Kent 33
Eyrarland-Statue 176

F

Fafnir 206 ff.
Fenriswolf 106, 120 ff., 242 ff.
Fjölsvinnsmal 111 f.
Forseti 130
Freya 21, 85, 96 f., 99, 128,
   132 f., 159 ff., 173, 181
Freyr 85, 99, 128, 140, 244
Frigg 17 f., 114, 131 f., 184 f.,
   187
Fulla 133

G

Garm 124, 244
Gefiun 133
Gesta Danorum 36 f.
Gestaltwandler 94, 155
Gilling 89
Ginnungagap 80 f.
Gjuki 218 ff.
Gna 135
Godwinson, Harald 24
Golem 168

Götterwelt 113-135
Gram 208
Grani 205
Grendel 228 ff., 236
Grerr 159 f.
Grimhild 219 f.
Grogaldr 111 f.
Grönland 30
Gudrun 218 f., 223
Gullfaxi 164, 167
Gungnir 114, 140
Gunnar 219 ff.
Gunnlöd 90 ff.
Guttorm 223
Gylfaginning 65 f.
Gylfi 64 ff.

H

Hafrsfjord, Seeschlacht am 18
Haithabu 49, 55 f.
Hakon IV., König von
    Norwegen 62
Hamund 203
Handel 53 ff.
Harald II., König von England
    24
Harald III., König von
    Norwegen 23
Harald Schönhaar 18
Hardrade, Harald 23
Heimdall 129 f., 242 f.

Heimir 220
Hel 70,101, 106, 124,
    184, 187, 189, 244,
    246
Helgi 203
Heomdall 245
Heorot 227 ff., 237
Hermodr 186 f., 189
Hermodrs Reise 189
Hjördis 204
Hlin 134
Hödur 130, 184, 186
Hönir 84, 177 f.
Hor 67, 105
Hreidmar 206
Hrodvitnir *siehe Fenriswolf*
Hrothgar, König der Dänen
    227 ff., 237
Hrungnir 164 ff.
Hrym 243
Hugi 149, 153
Hugin 114
Hwergelmir 80, 105 f.
Hymir 156 ff.
Hymiskwida 158

I

Idun 129, 177 ff.
Iduns Äpfel 177 ff.
Island 16
Ivar der Knochenlose 33

J

Jörmungandr 123 f., 158
Jötunheim 99 f., 174

K

Karl der Einfältige, König der
    Franken 40
Karl der Kahle, König der
    Franken 39
Kessel 50 f.
Kiew 34 f., 38
Kiewer Rus 38
Knut der Große 34
Konstantinopel 16
Kvasir 89

L

L'Anse aux Meadows 16 f.,
    31 f.
Leifsbudir 32
Lewis-Schachfiguren 53
Lichtelfen 95, 98
Lieder-Edda 68 f., 76,
    84, 138, 142, 158, 176,
    241
Lindisfarne 13 ff., 25, 32
Liod 196
Lodur 84
Lofn 134
Loftsson, Jon 62

Logi 148, 152
Loki 66, 70, 97 f., 100, 119 f.,
    125 ff., 137, 139 ff., 142 ff.,
    159 ff., 171–193, 177 ff.,
    185 ff., 206 f., 243, 245
Lysefjord 30

M

Magni 167
Menglada 108 ff.
Merton, Schlacht von 33
Midgard 82 ff., 88, 99 ff.,
    243
Midgardschlange 100, 123 f.,
    153, 157 f., 243 f.
Mimir 85, 99, 243
Mimirs Brunnen 243
Mittelerde *siehe Midgard*
Mjölnir 139 ff., 172 ff., 175 f.
Munin 114
Muspell 79 f.

N

Naglfar 243
Nanna 188 f.
Narfi 192
Narnia, Wolf von 122
Naströnd 106, 245
Nestor-Chronik 38
Neufundland 17
Nidawellir 99 f.

Nidhöggr 106 f.

Niflheim 80, 101, 105 ff., 124, 184

Njörd 21, 85, 128

Normannen 41 f.

Nornen 104

Nowell Codex 236

O

Odin 17, 63, 66, 70, 82, 84, 86, 91 ff., 96 f., 99, 105, 113 f., 138, 140, 160 ff., 164, 177 ff., 180, 184 ff., 191 f., 205 ff., 243 f.

Oseberg-Schiff 19 ff., 183

Otter 206

P

Paris 16, 19, 39

Prosa-Edda 63 f., 67 ff., 71, 76, 82 f., 96, 114, 158, 167, 183, 241, 246

R

Ragnarök 67, 70, 86 f., 98, 241–246

Ragnarsson, Halfdan 33

Ragnarsson, Ubba 33

Ratatöskr 107

Regin 205 ff., 208

Rig 168 ff.

Rigsthula 46 f., 168

Ring des Nibelungen 218, 224 f.

Rjurik 38

Rollo von der Normandie 40 f.

Roska 144,

Runen 115 f.

Rus 16, 34 f., 37 f.

S

Saga 133

Saga von Erik dem Roten 29 f.

Saxo Grammaticus 22, 36 f., 86 Gesta Danorum 22, 36 f.

Schachspiel 53

Schicksalsgöttinnen 104

Schiffsbau 19

Schwarzalbenheim 99 f.

Sif 138 ff.

Siggeir, König von Gotland 197 ff.

Sigmund 197, 200 ff., 208

Signy 125, 197 ff.

Sigurd der Drachentöter 195–225

Sindri 141, 245

Sinfiöli 201 ff.

Siöfn 134

Skadi 85

Skalden 76

Skaldenmet 88 f.

Skaldskaparmal 65

Skidbladnir 140

Skrymir 144 f., 152

Slagen 19

Sleipnir 98, 105, 114, 164, 243

Snotra 134

Städte 53 ff.

Stamford Bridge, Schlacht von 24

Sturluson, Snorri 36, 62 ff., 71, 81 ff., 96, 100, 114, 138, 142, 167, 236, 242, 246

Surtur 79, 243 f.

Sutton Ho, Schatz von 238 f.

Suttung 90 ff.

Svadilfari 97 f.

Swipdagr 108 ff.

Syn 134

T

Tacitus 21

Tanngrisnir 139, 142

Thialfi 144, 149, 153, 166

Thiazi 179 f., 182 f.

Thökk 190

Thor 17 f., 63, 66, 98, 100, 137 ff., 142 ff., 156 ff., 164 ff., 172 ff., 183, 192, 244

Thors Hammer 139 ff., 172 ff., 175 f.

Thrym 172 ff.

Thrymheim 182

Thrymskvida 176

Troja 138

Tryggvason, Olav 30

Tyr 121, 129, 244

U

Uggason, Ulfr 162

Uller 130

Urd 104 f.

Brunnen der 104 f.

Uroboros 99

Utgard 100, 142, 147 ff., 152

Utgardloki 147 ff.

Utgardlokis Katze 150 f., 153

V

Vali 192

Vedrfölnir 107

Vinland 31

Vinland-Sagas 29

Völuspa 69 ff., 84

W

Waffen 56 ff.

Wagner, Richard 224 f.

Walhalla 65 f., 86 f., 98, 124

Wali 130, 246

Walküren 86 ff.

Wälsung, König von Hunenland 196, 198 f.

Wälsungen 196 ff., 222
Wälsungen-Saga 195, 221 f.
Wanen 70, 85, 89, 98 f.
Wanenheim 98 f.
Wara 134
We 82, 84
Wedar 246
Weltenbaum *siehe Yggdrasil*
Widar 130, 244 f.
Wigrid 243
Wilhelm der Bastard 24
Wilhelm der Eroberer 41
Wili 82, 84

Witwenverbrennung 203
Wochentage 132
Wodan siehe Odin

Y
Yggdrasil 98, 101, 103-112, 243
Ymir 70, 81 f.
Ynglingasaga 36

Z
Zwerge 70, 88, 100

Über den Autor

Peter Archer besitzt einen Magister der Universität Toledo und einen Master of Letters in mittelalterlicher Geschichte der Universität St. Andrews. Erwacht ist sein Interesse an den Wikingern 1967, als er das kanadische L'Anse aux Meadows besuchte, wo die früheste Wikingersiedlung in Nordamerika entdeckt wurde. An der Eastern New Mexico University hielt er Vorlesungen zu Mythologie und Folklore ab, aktuell ist er Mitherausgeber bei Adams Media. Archer lebt in Massachusetts in einem 200 Jahre alten Haus voller Bücher und Katzen.